Diversidade, cultura e educação
Olhares cruzados

Neusa Maria Mendes de Gusmão
Organizadora

Diversidade, cultura e educação
Olhares cruzados

EDITORA BIRUTA

2ª edição
2010

Capa
Rex Design

Revisão
Otacílio Nunes

Editoração Eletrônica
Oficina Editorial

Coordenação Editorial
Eny Maia

2ª edição – 2010

Dados Internacionais para Catalogação na Publicação (CIP)
do Departamento Nacional do Livro

D618 Diversidade, cultura e educação: olhares cruzados / Org. Neusa Maria Mendes de Gusmão . – São Paulo : Biruta, 2003.
223p. ; 21 cm.

ISBN 978-85-88159-13-6

1. Cultura, 2. Cultura – Aspectos sociais – Brasil. 3. Educação – Brasil. I. Gusmão, Neusa Maria Mendes de.

CDD 306

Editora Biruta Ltda.
Rua Coronel José Euzébio, 95 – Vila Casa 100-5
Higienópolis – CEP: 01239-030
São Paulo – Brasil
Tels.: (11) 3081-5741 e (11) 3081-5739
E-mail: biruta@editorabiruta.com.br
Site: www.editorabiruta.com.br

Sumário

Apresentação

Neusa Maria Mendes de Gusmão

A presente coletânea surgiu do encontro com pesquisadores, em maioria antropólogos que se dedicam à docência e à pesquisa no campo educacional, e foi motivada pelo Fórum de Antropologia e Educação, durante a Reunião de Antropologia realizada na Universidade de Brasília em 2000.

Nem todos os autores estiveram presentes naquele encontro[1], mas todos, de um modo ou outro, vieram a compor um grupo que, preocupado em fazer antropologia, propõe-se a pensar os caminhos dessa área de conhecimento no campo específico da docência e da pesquisa em educação, nomeadamente como docentes e pesquisadores de Faculdades de Educação – eu própria, Ana Lúcia, Beatriz, todas nós antropólogas de formação, e ainda Maria Regina, historiadora, Zeila Demartini, socióloga de longa data ligada à educação, Magda e Carmem,

---

1. A professora Ana Lúcia Valente e eu própria fomos coordenadoras daquele Fórum e, desde então, estamos envidando esforços ainda não solucionados no sentido de publicar os trabalhos apresentados naquele momento.

pedagogas que têm buscado as Ciências Sociais e a Antropologia como fonte de seus trabalhos, e, finalmente, num empenho de mostrar a riqueza do diálogo entre campos diversos, o trabalho de Wanderleya que atua no campo da etnomatemática e nos estudos das práticas pedagógicas no ensino de matemática.

A coletânea é, então, parte significativa de um movimento que tende a crescer junto aos cursos de formação de professores, nomeadamente das Faculdades de Pedagogia que hoje contemplam em seus currículos disciplinas antropológicas ou afins, congregando em seu corpo docente um profissional que até algum tempo atrás encontrava-se vinculado aos cursos de Ciências Sociais. Nesse aspecto residem a originalidade e o desafio que aqui se propõe como necessário e significativo para uma ordem social em transformação.

Não é apenas o posicionamento ante as diversidades sociais e culturais que desafiam as práticas pedagógicas que perpassa o conjunto de textos aqui apresentados, mas também o desempenho daqueles que educam junto aos diferentes níveis de ensino, de modo particular na educação escolar do ensino fundamental. Hoje, a educação e os processos educativos estão em condição de serem investigados e compreendidos, e aqui a antropologia tem algo a dizer.

A antropologia surge como ciência privilegiada para a construção de uma educação de caráter intercultural, ou seja, que considera o trânsito e a legitimidade das diversidades sociais que caracterizam o mundo moderno. Nesse sentido, o saber antropológico permite refletir os mecanismos de formação e de prática de professores/educadores perante sociedades multiculturais como a nossa. A tendência a homogeneizar, própria das sociedades plurais, e permanentemente contrariada pelo renascimento das singularidades e especificidades, aponta para o que de fato somos: múltiplos e diversos, mas nem por isso desiguais. É nesse contexto que a Antropologia como ciência busca avaliar o social e proporcionar alternativas de intervenção na realidade de modo a que as diferenças não sejam negadas. Ao evidenciar as relações sociais entre diferentes como parte de um contexto de poder socialmente construído, a Antropologia possibilita a compreensão do campo de tensão em que as práticas sociais e, principalmente, as educativas operam e permite a emergência de um processo reflexivo capaz de consubstanciar uma pedagogia plenamente emancipatória e plural.

Com essa motivação, os textos iniciais apresentados na **Parte I** – *Diversidade, cultura e educação*, objetivam demonstrar a complexidade das questões acima, com respeito à diferença e à pluralidade cultural contidas, principalmente, no aparato legal da LDB – Leis e Diretrizes de Base – e dos PCN – Parâmetros Curriculares Nacionais. No caso do trabalho de Ana Lúcia Valente, o debate se coloca a partir do Parecer da ANPED para o Plano Nacional de Educação, revelando ausências e limites dos PCN, em particular no que tange ao tema transversal da Pluralidade Cultural. A autora revela, sobretudo, a condição pouco provável de a escola poder se posicionar criticamente frente às desigualdades que, pelos mecanismos legais, tornam-se descoladas dos contextos que as informam. Coloca assim, a necessidade de compreender os mecanismos históricos de transformação da diferença num problema e, a partir de sua historicidade, resgatar os significados que a diversidade assume em realidades como a nossa. Beatriz de Basto Teixeira segue as mesmas trilhas, visando discutir a noção de *comunidade* contida na LDB e nos PCN. Ao enfocar o caso particular de Minas Gerais, revela as imprecisões da formulação oficial, bem como suas implicações e conseqüências. Ao mostrar diferentes universos de significado que emergem da noção de comunidade em contextos distintos, tomando por base o debate teórico e exemplos concretos, a autora questiona a validade da noção de comunidade escolar como é proposta nos dispositivos legais, revelando que, como tal, essa comunidade não existe ou pelo menos ainda não, de modo que há um caminho a construir para que nossas escolas sejam efetivamente democráticas.

Na **Parte II** – *Diversidade e educação escolar*, três novos textos dão continuidade às questões colocadas, de modo a enfocar a escola e a diversidade que a compõe, bem como as dificuldades interpostas à ação educativa. O primeiro texto, de minha autoria, tem por intuito, no interior da coletânea, colocar o debate teórico e exposto pelo aparato legal, *vis-à-vis* a realidade concreta. Trata-se de um texto que abre para a pluralidade de formação da realidade brasileira buscando questionar quem são os chamados "outros", os diferentes com os quais o professor se confronta no seu fazer pedagógico e cotidiano, e quais os significados e conseqüências desse confronto. Resgatam-se as relações de poder presentes de modo explícito ou não no cotidiano das práticas educativas e coloca-se em evidência a questão da desigualdade das relações sociais, em particular, entre professores e alunos. Porém, busca-se demonstrar que, para além dos indivíduos, tais relações expõem por completo a complexidade da escola como espaço sociocultural inserido na realidade mais ampla e permeado pelas ideologias que resultam em concepções limitadoras do fazer educativo. Resgata-se a possibilidade da escola como espaço de ação e transformação que, assentes no processo de ensinar e aprender, podem conduzir os fatos da pluralidade cultural que a reveste a serem matéria-prima de uma nova forma de educar. A visão da escola e da prática educativa como sendo tão somente *ensino* pode então ser superada, de modo a transformar esse espaço e suas práticas em fatos reais de *aprendizagem*, capazes de fomentar uma educação não só voltada ao respeito pela diversidade, mas de trânsito das diferenças.

O trabalho de Maria Regina Clivati Capelo, denso e consistente, fala da diversidade sociocultural da escola e da dialética de exclusão/inclusão, de modo a questionar a escola, principalmente a pública, em sua função de controle social dos segmentos populares, e aponta para as políticas públicas e educacionais frente à heterogeneidade social e cultural da sociedade brasileira. A autora comenta a necessidade de as políticas atentarem para a questão central da diversidade, porém os impasses estão postos num tipo de escola que não foi concebida para atender às diferenças sociais e culturais, e nesse sentido o desafio é o de construir um corpo teórico capaz de influir na produção de conhecimento e na definição dos currículos. O desafio maior é o de conciliar a igualdade dos cidadãos e o direito à diferença no âmbito da escola pública, ela mesma etnocêntrica, monocultural e preconceituosa. A educação, portanto, não pode desconsiderar a pluralidade de saberes e valores culturais do povo brasileiro, sob o risco de criar um *apartheid* intelectual que desqualifica outras culturas e as inferioriza. É preciso levar em conta o caráter pluriétnico e pluricultural da sociedade brasileira.

Fechando a Parte II, Zeila de Fabri Demartini se volta ao debate das chamadas *culturas escolares*, questionando a concordância ou não quanto a uma definição possível e clara do conceito. Buscando o debate antropológico em torno do conceito de cultura e de sua polissemia, a autora estabelece um debate de mesma natureza quanto às culturas escolares, através de muitas vozes: sociólogos, filósofos e outros. Parte então de um olhar que considera estudos empíricos da realidade brasileira, para afirmar a necessidade não mais de constatar a existência da diversidade, e sim de sua incorporação na discussão do que seja a instituição escolar, cujo significado parece ser único, embora historicamente não o seja. A perspectiva da História da Educação colabora no sentido de esclarecer "as diversas formas de institucionalização da escola em vários contextos sócio-econômico-culturais e os significados que acompanharam esse processo ao longo do tempo". Diferentes sentidos de cultura escolar são então abordados e discutidos frente a experiências concretas, buscando apreender os processos de ressignificação e confronto entre uma versão oficial e outra popular, levado a efeito até mesmo por populações historicamente excluídas da escola. Questiona-se a existência de um único modelo moderno de escola, sua hegemonia, remetendo o debate para o campo educacional e resgatando da realidade empírica e datada outros modelos possíveis. A autora conclui pela necessidade de se implementarem as pesquisas dessa complexa realidade incorporando a esse empreendimento especialistas de várias áreas: educadores, sociólogos, antropólogos e historiadores, entre outros.

Finalmente, a **Parte III** – *Diversidade e práticas educativas* –, composta de três trabalhos, encerra a presente coletânea, discutindo experiências concretas em três contextos diversos. O trabalho de Magda M. Tuma nos coloca diante das palavras de professoras com respeito a sua própria prática, componentes de suas histórias de vida e vinculadas à compreensão singular que têm do mundo. A autora vai em busca das representações que se fazem presentes nas "opções pedagógicas para o favorecimento ou desqualificação de preceitos" voltados aos processos de enquadramento da criança no meio social. Reflete, então, sobre o discurso do outro, indo ao seu encontro, com o objetivo de compreender os confrontos e os conflitos que perpassam as práticas dessas profissionais, todas professoras como ela mesma. O trabalho é remetido a uma experiência com professoras de escola de ensino fundamental da periferia de Londrina. Além das noções de progresso e futuro, outras palavras colocam em questão a idéia de controle e disciplina como necessários e decorrentes de uma ordem social dada pelo universo da produção material. A criança de classe social desfavorecida é vista como aquela que não se adapta a esses mecanismos, mantendo-se à margem do sistema. Mesmo quando se reconhece que a escola não resolve o problema, permanece a concepção de que a criança não deve resistir ao que é proposto por ela, escola, ou seja, ao instituído. Na concepção do professor, resistir é tornar-se vulnerável ao insucesso, e, assim, não se reconhecem, nessa resistência, outras possibilidades. A autora mostra, no entanto, que há diferenças no modo de percepção das professoras, umas mais acolhedoras que outras, mais críticas que outras, já que reconhecem as condições enfrentadas pela criança no seu cotidiano social e de classe. Assim, a questão do enquadramento à ordem social instituída não chega a ser taxativa e absoluta. No caso de uma percepção mais crítica, a professora transita entre as formas de socialização e de sociabilidade, reconhece o processo de construção ideológica presente na sociedade e constrói outras formas de representação da infância pobre. A conclusão alerta para a necessidade de se construir um outro olhar sobre a infância como outro de nós mesmos, que tem voz e que, como diz a autora, não pode ser capturada pura e simplesmente pelo enquadramento à pedagogia do dever, como também não o deve ser o professor.

Carmen Maria Aguiar aborda uma manifestação cultural específica – o xiruba – como ritual educativo. Trata-se, portanto, de processo extra-escolar discutido aqui em termos das noções de cultura, ensino e aprendizagem, mas, no conjunto tem também, a função de mostrar a amplitude da noção de educação e de diversidade da realidade brasileira. Como afirma a autora, "a busca de conhecimento sobre outros saberes, valores e culturas – um caminho privilegiado para uma melhor compreensão, reavaliação e ampliação de nosso próprio universo cultural – pode guiar-se por diferentes focos de interesse". É assim que nos apresenta o povo da Barra da Aroeira, na região Norte do Brasil. Mediante um meticuloso trabalho de campo desenvolvido junto a essa população; discute a comunidade, seus valores e visão de mundo, para então colocar em foco os processos de transmissão e aquisição de conhecimentos próprios da comunidade e dos quais o ritual do xiruba é um dos mais expressivos. Na descrição do ritual, a autora recupera o sentido do lúdico como espaço socioeducativo em que está em questão a aprendizagem não apenas das regras sociais, mas também da natureza e de um universo mítico-religioso. O texto diz, assim, de outros modos de ação da educação que podem conduzir o leitor a refletir sobre procedimentos específicos, mas também sobre cultura e diversidade.

O último texto é de Wanderleya N. Gonçalves Costa e, como o anterior, objetiva demonstrar processos educativos que ocorrem fora da escola, no cotidiano de sujeitos sociais historicamente determinados. Wanderleya inicia o debate pela noção de cultura para falar da existência de diferentes culturas e mostrar como no seu interior é gerado o conhecimento, esse também múltiplo e desenvolvido diferentemente por diferentes grupos culturais. O debate que propõe diz respeito ao conhecimento matemático, mas passa antes por uma cuidadosa discussão sobre o geral e o particular presente nas diferentes teorias e nas concepções de cultura por elas construídas. O texto avança ainda pelo debate antropológico do relativismo, trazendo à tona a questão da educação escolar e da visão estática e conservadora da cultura. Com base em tudo isso e em propostas educacionais alternativas, a autora introduz seu tema: a educação matemática e a questão da etnomatemática. Todos os seus pressupostos são então consubstanciados a partir de uma realidade empírica do Vale do Jequitinhonha, em Minas Gerais, por meio do estudo de medidas próprias dessa região e das formas pelas quais elas se perpetuam na aprendizagem e por seus usos cotidianos. O debate prossegue com a autora mostrando os embates entre as medidas legais definidas pelo poder público e a posição adotada pelo povo, para então contrapô-las à posição das escolas da região, que simplesmente ignoram os caminhos de aprendizagem locais e singulares que ocorrem com seus estudantes fora da escola. Na conclusão, aponta para a importância de se revelar e valorizar o conhecimento matemático presente no cotidiano, conclamando a escola e o professor – principalmente o de matemática – a levar para a sala de aula o saber cotidiano e particular, de modo integrado ao saber acadêmico e geral. Portanto, numa outra concepção educativa, da qual a Etnomatemática faz parte.

De certa forma, pode-se dizer que o debate da noção de cultura e o embasamento das premissas teóricas da antropologia feitos no presente texto, de modo não premeditado, retomam e reenquadram as discussões a respeito da fragilidade do conceito de cultura existente na LDB e nos PCN, colocados pelas duas autoras iniciais da coletânea, e repõem a questão da diversidade da formação social brasileira que deve ser considerada nos processos educativos e na prática pedagógica. No entanto, o cruzamento desse debate fica a cargo do leitor, como sugestão e desafio. Mas , cabe afirmar, ele é bastante rico como fechamento dessa proposta e para o que aqui se pretendeu ao colocar diferentes pesquisadores e profissionais, diversas realidades e os temas centrais, ou seja: *Diversidade, cultura e educação.*

PARTE I - DIVERSIDADE, CULTURA E EDUCAÇÃO

CONHECIMENTOS ANTROPOLÓGICOS NOS PARÂMETROS CURRICULARES NACIONAIS: PARA UMA DISCUSSÃO SOBRE A PLURALIDADE CULTURAL

Ana Lúcia E. F. Valente*

Introdução

Em outra oportunidade, afirmei que é complexo e escorregadio o terreno da cultura (VALENTE, 1996a), ao considerarmos que falamos da construção do significado, partilhado ou não, de aspectos fundamentais da vida individual e social. Em decorrência disso é também escorregadio e complexo o terreno no qual se desenvolvem discussões, propostas e negociações que visam promover o respeito à diferença e à pluralidade cultural. Nele, contudo, o diálogo entre antropologia e a educação se torna possível, mesmo marcado por encontros e desencontros, união e desunião, revelando as "[...] frágeis fronteiras existentes em contextos e demandas comuns" (GUSMÃO, 1997a, p. 5).

As possibilidades de realização de um trabalho profícuo nas interfaces entre a antropologia e a educação têm sido exploradas há tempo. Gusmão (1997b) e Consorte (1997) discutem

---

* Doutora em Antropologia Social (USP) e Professora do Programa de Pós-Graduação em Educação (UFMS).

alguns aspectos dessa questão, reportando-se à história passada das relações entre os dois campos de conhecimento.

Segundo Gusmão (1997b, p. 9),

> [...] o diálogo entre antropologia e educação, percebido por muitos como uma "novidade" que se instaura com as transformações da década de 70, neste século, é mais antigo que isso e reporta-se a um momento crucial da história da ciência antropológica.

Para ela, deve-se negar a década de 70 como um tempo mágico de surgimento de determinadas questões – que já vinham sendo processadas – e de referência para as pesquisas educacionais de tipo etnográfico. Sem o resgate histórico dessas questões, não se poderá "[...] cobrar alguma coerência no fazer de outros campos, quando se utilizam do referencial da antropologia na abordagem de temas singulares, particularmente, na educação" (GUSMÃO, 1997b, p. 10). Com o intuito de promover esse resgate, Gusmão (1997b) retoma o final do século XIX, quando a antropologia tentava compreender uma possível cultura da infância e da adolescência, num debate travado especialmente com os pensamentos de Freud e Piaget, que atinge os anos 20 e 50. Em seguida, discorre sobre os discípulos de Franz Boas, que entre os anos 30 e 40, nos Estados Unidos, vão atuar de maneira efetiva no programa de reforma curricular daquele país.

É particularmente da herança culturalista de Franz Boas e da penetração de seu pensamento no Brasil que trata Consorte (1997, p. 27). Para a autora,

> [...] o culturalismo como esforço de compreensão da diversidade humana constitui-se no processo de crítica ao evolucionismo, caracterizando-se, fundamentalmente, por duas rupturas: uma com o determinismo geográfico e outra com o determinismo biológico.

Essa vertente do pensamento antropológico recusa as determinações do meio físico e as raciais como responsáveis pela diversidade de modos de vida, conferindo à cultura o primado de sua explicação. No entanto, quando essa vertente penetra no Brasil, na década de 30, passa a inspirar

> [...] uma postura que se coloca na contramão daquilo que se deveria esperar de uma orientação inspirada pelo culturalismo, isto é, de respeito à diversidade cultural na formação do nosso povo. Assim, em lugar da valorização da diferença, as preocupações estão voltadas para o desaparecimento das matrizes culturais de origem dos contingentes envolvidos – alemã e italiana, de um lado; africana, do outro (CONSORTE, 1997, p. 28).

Não esquecendo os numerosos descendentes dos imigrantes japoneses, mencionados pela autora anteriormente.

Numa afirmativa com a qual dificilmente poder-se-ia estar em desacordo, afirmei que

> [...] a antropologia e a educação, por serem ciências humanas, encontram fácil e imediatamente a base comum sobre a qual constroem suas reflexões, i.é., o homem e seus embates para fazer valer a sua natureza, distinta de outros animais (VALENTE, 1997b, p. 59).

Mas a questão torna-se mais complicada quando são definidas artificialmente as fronteiras entre os vários campos do saber e quando se marcam um desequilíbrio e um distanciamento progressivos nas respectivas formas de sistematização e produção desse saber. Dessa maneira, a chave para a compreensão do divisor de águas entre todos os pesquisadores sociais, e não apenas entre antropólogos e pedagogos, passa a ser definida, em última instância, por sua opção teórica. Parafraseando Peirano (1991), é essa opção que informa a linhagem do pesquisador, determinando a orientação ou o rumo a ser perseguido na seleção, na observação e na interpretação de **fatos etnográficos**.

Nesse terreno de relações de "[...] boa vizinhança, mas também de litígio [...]" (DARNTON apud GUSMÃO, 1997a, p. 6), a proposta de discutir a educação e a diversidade cultural traz à tona novos desafios, por vezes evidenciando o descompasso entre os dois campos de conhecimento. Também Bandeira (1998, p. 10), enfocando o caso concreto da educação indígena, chama a atenção para esse problema. Ao apresentar as diretrizes do Projeto Tucum – Programa de Formação de Professores Indígenas para o Magistério –, uma iniciativa do Governo de Estado de Mato Grosso, a antropóloga assim se posicionou:

> Circunstanciando um amplo e complicado campo relacional, percutindo uma intricada gama de tensões e conflitos, esse é um Projeto de riscos, susceptível às armadilhas que seu formato encerra. Visto sob esse prisma, o Projeto Tucum apresenta-se para seus críticos como arriscado, discutível, *perigoso*, versão atualizada do integracionismo civilizatório sob invólucro da nova retórica da pluralidade, da diversidade, articuladora de novos modos de subordinação da diferença. Por oportuno, todavia, convém registrar **que as tensões e conflitos transbordam as relações de alteridade étnico-cultural e a questão pedagógica, derramando-se em vazantes de confrontos teóricos das abordagens, de competições de autoridade, de autoria, de legitimidade, de pertinência, de precedência entre profissionais de instituições distintas do mesmo campo de conhecimento ou de campos diferentes.**
>
> Partilhando uma visão mais otimista, possível em meio aos riscos, considero da maior importância levar-se em conta que os cursistas são, eles mesmos, protagonistas dos movimentos por autodeterminação de seus povos, sujeitos históricos ativos, partícipes das lutas pelos direitos específicos dos povos indígenas.[1] (grifo meu)

1. O Projeto Tucum também criaria a oportunidade, na ótica da antropóloga, de articulação de instâncias oficiais de ensino na promoção de uma "[...] prática educativa

O *Parecer da ANPEd sobre a proposta elaborada pelo MEC para o Plano Nacional de Educação*, datado de dezembro de 1997, aponta para uma outra situação: não há pronunciamento sobre a educação indígena, apesar de a organização representativa "[...] considerar muito importante que esta questão tenha sido contemplada na proposta do Plano" (ANPEd, 1997, p. 3). Em que pese a exigüidade dos prazos para a análise da proposta do MEC pela sociedade civil, surpreende o fato de que nesse mesmo ano, em 15 de outubro de 1997, tenham sido lançados os Parâmetros Curriculares Nacionais (PCN), que incluem, nos chamados temas transversais, a preocupação com a pluralidade cultural. Ali é mencionada a questão indígena e, salvo engano, trata-se de texto elaborado por estudiosos associados à ANPEd.

A razão dessa omissão, num momento político importante de definição de estratégias educacionais no país, quando se sabe da existência de discussão sistematizada sobre a temática, escapa à minha compreensão. Afinal, a preocupação com a diversidade cultural manifestada por pesquisadores do campo educacional nos últimos anos, sobretudo os estudos voltados para a discussão sobre o currículo, bem como os estudos que exploram as interfaces entre a educação e a antropologia não são capazes de explicar a ausência de posicionamento da ANPEd. A não ser, talvez, devido à falta de tradição de pesquisadores do campo educacional no estudo da questão indígena, no que a ANPEd poderia ter contado com a colaboração de antropólogos (LOPES DA SILVA e GRUPIONI, 1995), ou à já alegada dificuldade de manter-se equilibrado sobre um terreno que pode fugir aos pés.

esclarecedora acerca da questão indígena e dos deveres dos setores públicos e dos seus funcionários em relação ao direito à diferença e à cidadania dos povos indígenas" (BANDEIRA, 1998, p. 10).

O objetivo deste trabalho é comentar a versão preliminar do texto para discussão nacional dos PCN para o terceiro e o quarto ciclos do ensino fundamental, referente à questão da pluralidade cultural (BRASIL, 1997). Esse texto passou a ser divulgado a partir de outubro de 1997 e foi elaborado com base na proposta para o primeiro e o segundo ciclos do ensino fundamental. Na verdade, da introdução aos critérios de seleção de conteúdos, essa versão é basicamente a mesma da proposta publicada (BRASIL, 1997b), reproduzindo as principais idéias ali contidas com pequenos cortes, sendo assim válidos os comentários para ambas. O foco de minha atenção recairá nesse trecho e especialmente no tocante às contribuições dos conhecimentos antropológicos para o estudo da pluralidade cultural no âmbito da escola.

A Apresentação do Tema Transversal – pluralidade cultural

A questão da pluralidade cultural é, em linhas gerais, assim descrita na apresentação dos temas transversais, definidos e escolhidos para o trabalho escolar a partir dos critérios de:

a) urgência social;
b) abrangência nacional;
c) possibilidade de ensino e aprendizagem no ensino fundamental; e
d) favorecer a compreensão da realidade e a participação social (BRASIL, 1997c, p. 30-31).

Para viver democraticamente em uma sociedade plural é preciso respeitar os diferentes grupos e culturas que a constituem. A sociedade brasileira é formada não só por diferentes etnias, como por imigrantes de diferentes países. Além disso, as migrações colocam em contato grupos diferenciados. Sabe-se

> que as regiões brasileiras têm características culturais bastantes diversas e a convivência entre grupos diferenciados nos planos social e cultural muitas vezes é marcada pelo preconceito e pela discriminação. O grande desafio da escola é investir na superação da discriminação e dar a conhecer a riqueza representada pela diversidade etnocultural que compõe o patrimônio sociocultural brasileiro, valorizando a trajetória particular dos grupos que compõem a sociedade. Nesse sentido, a escola deve ser local de diálogo, de aprender a conviver, vivenciando a própria cultura e respeitando as diferentes formas de expressão cultural (BRASIL, 1997c, p. 32).

Nessa apresentação insiste-se demasiadamente na diferença, talvez como recurso enfático, sem a contrapartida correspondente sobre aquilo que nos une como sociedade brasileira. Isso, apesar de a antropologia ter historicamente criticado e condenado certas correntes que defendem o "[...] relativismo estático [...]" como "[...] *abismo* onde o etnólogo se arrisca sempre a cair [...]" (LÉVI-STRAUSS, 1975, p. 376) e de reflexões mais recentes recuperarem esse posicionamento, apontando para a necessária articulação entre os valores universais e as especificidades culturais, bem como para a urgência de serem impostos limites ao relativismo cultural, que tem colocado mundialmente em risco a democracia, como idéia e como prática (VALENTE, 1997b).

Não sem surpresa, o *bricolage* cultural brasileiro se resolveria na escola, ela sim considerada como possuidora de uma cultura própria e como local de afluxo e de diálogo das diferenças. Em certo sentido, recoloca-se, em outros termos, o papel da escola como agente homogeneizador. Nessa condição, o espaço de discussão, de respeito e de vivência da heterogeneidade é bastante reduzido. Por eliminação, só caberia à escola devolver à sociedade brasileira, ou aos diversos segmentos da sociedade civil, a tarefa de coordenar ações educativas não-escolares de promoção e de defesa da diversidade.

Nessa breve descrição sobre a temática transversal da pluralidade cultural, percebe-se a manifestação do que venho chamando de **pragmatismo utópico**. Nele,

> [...] a crítica que seus defensores dirigem à sociedade permanece fora dos muros da escola. Assim, a desigualdade, a injustiça, os conflitos de classe e de cultura existentes na sociedade, de alguma maneira seriam neutralizados no contexto escolar que se tornaria, desse modo, uma realidade a-histórica (VALENTE, 1997c, p. 10).

Da mesma forma poderia aqui dizer que

> [...] se o "pragmatismo utópico" não é um mal em si, ele desliza para um terreno perigoso quando tenta purificar a escola dos males da sociedade. Nesse momento, seu discurso passa a ter apenas efeito de retórica e, por isso, não se apresenta como alternativa viável ou substantivamente diferente do que já é conhecido (VALENTE, 1997c, p. 11).

A introdução ao livro *A temática indígena na escola: novos subsídios para professores de 1º e 2º graus* (LOPES DA SILVA e GRUPIONI, 1995, p. 15-23), escrito por antropólogos e citado na bibliografia sobre a pluralidade cultural (BRASIL, 1997b, p. 155-159), quando relacionada à descrição da pluralidade cultural nos PCN, parece evidenciar, mais uma vez, os **ruídos de comunicação** entre pedagogos e antropólogos e os riscos de banalização da produção teórica dos últimos. Banalização que se expressa na mera simplificação e na **economia de palavras** que, sob pretexto de tornar acessível o conhecimento, por meio de uma linguagem simples, não esclarece, confunde e resvala no maniqueísmo das interpretações mecanicistas. Logo se percebe que é tarefa difícil e complexa fazer da antropologia um ciência *do* e *para o* homem, explorando a "[...] possibilidade e as condições para o diálogo intercultural [...] através deste exercício de comunicação com um público mais amplo que aquele constituído pelos especialistas" (LOPES DA SILVA e GRUPIONI, 1995, p. 18).

Fala-se nessa introdução sobre o "[...] convívio na diferença [...]" (LOPES DA SILVA e GRUPIONI, 1995, p. 15), sobre "[...] uma educação para o respeito à diversidade cultural, condição para a comunicação e a articulação de grupos sociais diversos que, apesar disso, e mantendo suas especificidades, sejam capazes de uma convivência definida por democracia efetiva e paz" (p. 16), como possibilidades abertas a toda a população brasileira. Isso sem desconsiderar que a antropologia nos convida a

> [...] pensar a humanidade enquanto uma coisa só, formada por seres que compartilham uma mesma e única natureza, de um lado, e, de outro, compreender e definir essa natureza humana em relação à diversidade sócio-cultural produzida como sua marca distintiva e necessária [...] (p. 17).

Entretanto, não compartilho da idéia otimista de que "[...] a escola é, exatamente, espaço de troca, diálogo, descobertas, convivências" (LOPES DA SILVA e GRUPIONI, 1995, p. 18), até certo ponto justificável num trabalho de divulgação, embora concorde que ela seja um lugar de desafios para o tratamento da diversidade. A escola tem sido, histórica e hegemonicamente, espaço de imposição, monólogo, certezas, coabitações. Sua ação homogeneizadora, não por acaso, também tem desencadeado reações e reivindicações de respeito à diferença, na medida em que é expressão da sociedade abrangente e é atravessada por seus conflitos e suas contradições. Poder-se-ia então dizer que na escola estão presentes, lado a lado, essas duas possibilidades, essas duas facetas de um mesmo espaço, numa relação de forças desigual.

Não se podendo pensar em transformar a escola sem transformar a sociedade e descartando-se qualquer proposta reformista, faz-se necessário que seja aguçada a percepção dos educadores para o que vem ocorrendo fora da escola. Desse modo, os sujeitos engajados nesse processo poderão ter condições para avaliar, no interior da própria contradição, a possibilidade de construção de uma síntese que implique a compreensão de que a escola pode e deve mudar para responder aos desafios da realidade.

Comentários Gerais Acerca do Texto sobre a Pluralidade Cultural

Uma primeira leitura do texto causa muito boa impressão. Trata-se de um texto que, numa primeira aproximação, ousa discutir de maneira mais sistemática e aprofundada a questão da pluralidade cultural na escola e propor medidas concretas de abordagem, quando os dispositivos legais até então existentes mantêm-se prudentemente, como é de se esperar, no campo das formulações abstratas. Como sugeri linhas acima, mesmo a reflexão crítica sobre essas proposições, dada a sua complexidade, tem oferecido poucos subsídios ao debate. Seja na Constituição Federal de 1988 (BRASIL, 1988), seja na Lei n° 9.394, que estabelece as diretrizes e bases da educação nacional – LDB –, promulgada em 20 dezembro de 1996, a questão da diversidade cultural é tratada de maneira genérica e abrangente. A Carta Magna procura dar resposta a essa problemática na Seção “Da Educação”, artigo 210, assegurando a utilização das línguas maternas das comunidades indígenas e dos processos próprios de aprendizagem. Na LDB, além da proposta de incorporar aos currículos do ensino fundamental e do ensino médio uma parte diversificada, “[...] exigida pelas características regionais e locais da sociedade, da cultura, da economia e da clientela [...]" (artigo 26), os artigos 78 e 79 do Título VIII das Disposições Gerais reclamam uma atenção especial para a oferta de educação escolar bilíngüe e intercultural aos povos indígenas (BRASIL, 1996).

Discuti brevemente, em outra oportunidade (VALENTE, 1997c), as possíveis implicações desse compromisso educacional, tendo em vista o tratamento diferenciado proposto aos índios, sem igual preocupação com outros grupos. Procurei argumentar que o conceito de **intercultural**, ou se quiserem de **interculturalidade**, empregado no texto da LDB, ao propor uma educação específica para os índios, resvala numa armadilha ou deslize semântico que o despolitiza, na medida em que este é desligado da sua inerente problemática teórica, assim como acontece com o emprego dos conceitos de classe e de ideologia, que desencadeia distorções internas no campo de trabalho da antropologia (cf. DURHAM, 1986).

No meu entender, os artigos da LDB que tratam da educação diversificada e particularmente da indígena estariam negligenciando o papel da língua nacional como instrumento de poder e de dominação; as contradições de classe que atravessam a instituição escolar; a língua, como a cultura, que não são imunes ao processo de transformação social; e o processo educacional, que é violento em si, com efeitos amplificados sobre aqueles que são portadores de língua e cultura sujeitas à dominação, porque ocupam baixas posições na estrutura social. Isso porque o processo educacional tende a moldar as consciências a um certo tipo de organização social, mesmo que possa ser espaço de construção de contra-ideologias. Além disso, a generalização subjacente ao conceito **comunidades indígenas** escamoteia sua expressão plural e negligencia as particularidades históricas do contato desses grupos com a sociedade abrangente, ela mesma representada pela diversidade. Exigir tal nível de detalhamento nos artigos da LDB pode parecer absurdo, mas não se pode esquecer que o texto legal é expressão das formas de agir e pensar de determinada sociedade, sendo ainda elemento desencadeador de interpretações que devem nortear eventuais regulamentações e medidas educacionais de intervenção.

Assim, o texto dos PCNs sobre a pluralidade cultural representa um avanço considerável rumo ao tratamento eficaz da questão. Retoma a idéia, por mim partilhada, de que uma das grandes questões de nossa época diz respeito ao reconhecimento da diversidade das culturas existentes como o caminho necessário para a superação das tensões e conflitos, ancorados na percepção das diferenças étnicas, raciais, de gênero, nacionais etc., rumo à construção e consolidação de uma sociedade democrática. Nessa perspectiva, o processo educacional, como formação humana – que inclui mecanismos de socialização, como a educação escolar –, tem sido considerado como um campo estratégico no qual tais propostas devem ou deveriam ser estimuladas e desenvolvidas.

Do mesmo modo, o texto admite as relações existentes entre a desigualdade social e a situação de certos grupos portadores de características culturais diferenciadas no país, há muito explicitadas, discutidas e analisadas em estudos do campo das ciências sociais. Certamente não é demais insistir na denúncia dessa situação, que a cada dia apresenta contornos mais preocupantes. Em momentos de crise econômica de alcance mundial, como estes que vivemos, os mecanismos que conformam as relações étnicas no país tendem a ser exacerbados, e, por isso, os desdobramentos são bastantes previsíveis. Nessa linha de reflexão, merece destaque a assertiva de que "[...] as produções culturais não ocorrem 'fora' de relações de poder [...]" (BRASIL, 1997a, p. 2). Contudo, o texto limita-se a considerar que as produções culturais, constituídas e marcadas por essas relações de poder, envolvem o processo de reformulação e resistência. Desse modo, são suavizados os processos de dominação, de repressão, de homogeneização, sem os quais a reação não poderia ser compreendida. Ao longo do texto, o alerta para que essas relações referenciem toda a análise vai perdendo força, embalado pelo otimismo e pelo desejo de construção de uma sociedade brasileira mais justa, representando, no cenário mundial, "[...] uma esperança de superação de fronteiras e de construção da relação de confiança na humanidade" (BRASIL, 1997a, p. 3).

Ao serem mascaradas as relações de poder e dominação entre os grupos em contato, fica impedida a percepção do caráter contraditório do processo de reconhecimento da diversidade cultural. Considerando esse terreno despojado de contradições e conflitos, as propostas nessa direção, mesmo prenhes de boas intenções, são carregadas de ingenuidade e, na grande maioria dos casos, expostas à manipulação conseqüente por aqueles que querem despolitizar a cultura e toda a vida social. Nesse sentido, tais propostas escorregam na lógica que paradoxalmente pretendem combater: o reconhecimento da diversidade pode sustentar a intolerância e o acirramento de atitudes discricionárias, especialmente quando a diferença passa a justificar um tratamento desigual (VALENTE, 1998). No "[...] levantamento do que estaria disponível no plano internacional [...]" (BRASIL, 1997a, p. 5), justificado pela raridade dos estudos que tratam das relações entre crianças e intercâmbio cultural, não seria desmentido esse paradoxo se fossem consideradas as experiências levadas a cabo nos Estados Unidos e especialmente na Europa.

Depreende-se da proposta que não seria exagero afirmar que todas as instâncias da vida social exercitam, historicamente, o preconceito e a discriminação contra grupos culturalmente diferenciados, sendo a educação escolar uma instância privilegiada para a manutenção de um ideário negativo sobre esses grupos. Se é verdade que a escola é um espaço de convivência entre crianças e adolescentes de diferentes origens, de transmissão dos conhecimentos sistematizados sobre o país e o mundo e um dos lugares onde são ensinadas as regras do espaço público, isso não significa necessariamente que essas promovam o convívio democrático com a diferença. Ao contrário, ali podem ser ensinadas as regras do espaço público marcadas historicamente pelo desrespeito à diferença: como se fosse possível que a crítica dirigida à sociedade permanecesse fora dos muros da escola; como se a desigualdade, a injustiça, os conflitos de classe e de cultura existentes na sociedade, de alguma maneira, fossem neutralizados no contexto escolar, que se tornaria, desse modo, uma realidade a-histórica. Essa perspectiva poderia explicar por que o texto ameniza o efeito das manifestações de racismo na escola, considerando a possibilidade de serem involuntárias ou inconscientes, mas podendo contribuir para dissimular o caráter perverso do processo educativo que legitima justamente o ideário de harmonia. Seja como for, o texto reafirma a necessidade tática apontada por estudiosos e militantes de conquista desse espaço, na medida em que na trajetória escolar são cristalizadas concepções equivocadas e que produzem resultados funestos ao avançarem para a idade adulta.

Alguns estudos têm proposto investigar as formas por meio das quais a escola ou, melhor dizendo, os agentes escolares, refuncionalizam as práticas discricionárias e preconceituosas. No entanto, para além de serem feitas observações que, tanto na perspectiva dos detalhes quanto na das particularidades, certamente reafirmarão a mútua implicação da desigualdade social e da questão da pluralidade cultural, não se pode dissolver na impessoalidade, omitir ou esquecer que, dentre todos os grupos, é o segmento negro o principal alvo dessa situação. A legislação antidiscriminatória conquistada na Constituição Federal de 1998, definindo a discriminação racial como crime, tem origem na mobilização crescente do Movimento Negro e de estudiosos da questão negra no Brasil. A Lei nº 7.716, que define os crimes resultantes de preconceito de raça e de cor, foi sancionada em 1989, a partir de projeto lei de deputado federal do Rio de Janeiro e militante negro (VALENTE, 1997a, p. 76-78). Em que pese o fato de a questão da diversidade dever ser informada por um pano de fundo comum, inclusive como forma de garantir política e estrategicamente que não se proponha a constituição de guetos, de grupos culturais fechados, não se pode perder de vista as características históricas singulares que tornam alguns grupos mais expostos à exclusão social do que outros.

Por fim, nestes comentários gerais reafirmo a dificuldade admitida no trabalho com o tema,

> [...] à medida em que se propõe como ponto de confluência de estudos teóricos e movimentos sociais, em particular etnoculturais, além de outras forças socioculturais presentes e atuantes. As elaborações teóricas são rapidamente substituídas, com posições divergentes e, à vezes conflitantes entre si (BRASIL, 1997a, p. 5).

No entanto, deve-se considerar que a linguagem aqui empregada é pouco esclarecedora, sobretudo quando se enfatiza a "[...] necessidade imperiosa da formação de professores no tema da Pluralidade Cultural" (BRASIL, 1997a, p. 4). O que isso quer dizer? Como se explica que as elaborações teóricas sejam tão rapidamente substituídas? Como já alertava Aguiar (1996, p. 512),

> [...] mesmo considerando-se que fatores estruturais e conjunturais determinam a performance do sistema educacional que se revela nas altas taxas de analfabetismo, evasão, repetência, enfim, no fracasso escolar, questiona-se, na maioria das vezes, sem levar em conta o peso decisivo destes fatores, a formação, a capacitação e a prática docente.

Quando se pretende abordar uma temática tão complexa e tão atravessada por contradições como a da pluralidade cultural, como reclamar pela formação dos professores sem um esforço de tornar acessível o conhecimento sobre o assunto?

Pode ser temerário o desdobramento da proposta dos PCNs que "[...] constituem o primeiro nível de concretização curricular" (BRASIL, 1997d, p. 36) até alcançar o quarto nível, quando deverá nortear as atividades de ensino e aprendizagem na sala de aula. É nesse momento que os seus objetivos serão confrontados com as experiências práticas e que poderá ocorrer um distanciamento progressivo dessas em relação à **teoria deslizante** que as informa, tornando os riscos de banalização mais iminentes. Tratar-se-á de garantir que todas as crianças sejam o público alvo da proposta educativa sobre a pluralidade cultural e de impedir que seja construída uma preocupação centrada na diferença do outro, especialmente porque insiste-se no texto que diferentes grupos encontraram "[...] maneiras de preservar sua identidade cultural" (BRASIL, 1997, p. 10). Rigorosamente, só houve preservação porque houve mudança. Impedir que se desconsidere a dinâmica do processo cultural, implicando transformação e reinterpretações, e evitar os deslizes que enfatizam os aspectos mais superficiais e folclóricos da **cultura dos diferentes** são aspectos importantes a serem ressaltados na formação dos professores que se pretende oferecer. E nessa perspectiva é preciso evitar os riscos de sugestões apressadas como a de estudiosos que precisam "[...] sair do Brasil para compreender como é forte a questão racial em nossa sociedade" (GARCIA, 1995, p. 132). A autora da frase, depois de ter realizado seu pós-doutorado, em 1994, afirma ter decidido dedicar-se ao estudo da temática. Como sugestão para que se valorize a cultura negra, sua musicalidade, seu ritmo, no currículo, propõe que se ensine as crianças negras a tocar tambor. Não creio que proposições desse tipo possam contribuir para o combate ao racismo ou para o adequado tratamento da pluralidade cultural, sem que incorram nos mesmos problemas que se pretende superar, como a crítica aos estereótipos e aos preconceitos.

Comentários Acerca das Contribuições do Conhecimento Antropológico

Antes de mais nada, deve-se considerar que a proposta de interdisciplinaridade contida nos PCNs esbarra em um pressuposto questionável de cristalizar uma concepção que **naturaliza** a fragmentação do conhecimento. Afinal, sabe-se que a divisão entre as áreas de conhecimento, entre as disciplinas é artificial e produto da ação e do pensamento humanos historicamente construídos. Assim, parece difícil "[...] questionar a segmentação entre os diferentes campos de conhecimento [...]" (BRASIL, 1997c, p. 40), quando se admite que é preciso levar em conta a sua inter-relação, e, portanto, a relação entre diferentes campos do conhecimento. Além disso, essa segmentação não é superável com a mera somatória das disciplinas, mas a partir de uma base teórica comum. Na medida em que interdisciplinaridade e transversalidade se alimentam mutuamente, a concepção dessa última também fica comprometida, embora proponha o resgate da centralidade do homem, do sujeito, na produção e transformação de conhecimentos que atendam às suas necessidades.

No entanto, "[...] como ainda nos definimos e nos identificamos a partir de nossas supostas diferenças disciplinares" (VALENTE, 1996b, p. 63), em razão de um processo histórico que remonta à Idade Moderna, consideremos que foi a antropologia que desenvolveu de maneira sistemática a reflexão sobre a diversidade cultural, sendo fruto de necessidades humanas e nascendo comprometida com o contexto histórico que a originou e que se transformou. Desse modo, incorre-se em dois problemas quando são arroladas as contribuições para o estudo da pluralidade cultural no âmbito da escola em fundamentos éticos, conhecimentos jurídicos, conhecimentos históricos e geográficos, conhecimentos sociológicos, conhecimentos antropológicos, linguagens e representações, conhecimentos populacionais, conhecimentos psicológicos e pedagógicos. O primeiro diz respeito à questão da interdisciplinaridade, considerada linhas acima, e implica o segundo problema. Este, admitindo-se as fronteiras entre as ciências, constituídas ao longo do tempo, que os antropólogos tenham desconsiderado os vários aspectos apresentados, como fazendo parte de outros campos do conhecimento, em seu compromisso histórico com o estudo das diferenças culturais.

Na divisão proposta, entre os conhecimentos antropológicos é dado destaque aos conceitos de cultura, raça e etnia. De maneira geral, o conceito de cultura formulado é bastante completo, e creio que se tivesse sido articulado com a dificuldade admitida na abordagem do tema, já comentada, poder-se-ia entender por que as elaborações teóricas são rapidamente substituídas. Afinal, elaborações teóricas são culturais.

No que diz respeito aos conceitos de raça e de etnia, não

me parece que o segundo possa substituir o primeiro sem nenhuma implicação. Ambos os conceitos utilizados nos estudos sobre a diversidade cultural são também bastante ambíguos. Em outra ocasião, procurei chamar a atenção para os cuidados que deveríamos tomar ao empregá-los, mostrando que não apenas o conceito de **raça** era ambíguo, como também o conceito de **etnia**, na medida em que

[...] é muito difícil perceber a homogeneidade cultural que distinguiria, de maneira específica, um grupo em relação aos demais. Isso porque um determinado grupo étnico afirmaria sua diferença a partir de dados culturais que podem ser partilhados com outros grupos (VALENTE, 1997a, p. 17).

Com a apresentação desses conceitos, em trabalho apresentado na reunião da ANPEd (VALENTE, 1996c), argumentei que apesar da imprecisão do termo e da insuficiência do conceito de **raça**, esse é ainda utilizado nos estudos sobre as relações entre brancos e negros, primeiramente porque corresponde a uma noção "popular" que se confunde com a noção "técnica" das ciências sociais, quando essas procuram resguardar as interpretações de seus sujeitos-objetos. Assim, desconsiderar o uso do termo em razão de uma utilização que associava a diferença, a desigualdade social e a estrutura biológica – já superada historicamente pelas ciências, ainda que em contrapartida se lembre de sua difusão no senso comum –, é desrespeitar a visão de mundo de muitos que a escola pretende atender, por meio da perspectiva da transversalidade, de aprender *sobre*, *na* e *da* realidade (BRASIL, 1997c, p. 40).

Por outro lado, **a raça**, como construção social das diferenças fenotípicas, torna-se um dos aspectos mais significativos do processo de identificação étnica ou da **etnicidade**. Essa última, também uma construção que engloba a idéia de filiação racial, ao referir-se à percepção das diferenças ou à escolha de identidades étnicas e raciais, é decisiva para a compreensão daqueles que são classificados e daqueles que classificam. Dessa maneira, torna-se, como **raça**, um conceito analítico importante.

No que diz respeito ao conceito de etnia, as noções apresentadas de que se refere aos "[...] que mantêm modos de ser distintos e formações que se distinguem da cultura dominante" ou aos "[...] pertencentes a uma etnia partilham da mesma visão de mundo, de uma organização social própria, apresentam manifestações culturais que lhe são características" (BRASIL, 1997a, p. 13), dificilmente resistiriam a uma avaliação empírica. A ênfase na distinção e na especificidade pode incorrer no risco de propor uma análise estanque que promova a construção de estereótipos e preconceitos, tal como pode ocorrer com o emprego do termo **raça**. No entanto, no meu entender, a discussão sobre o que vem a ser etnicidade poderia iluminar a reflexão, mas na versão proposta para os PCNs mereceu pouca atenção, afirmando-se vagamente que "[...] *etnicidade* é a condição de pertencer a um grupo étnico. É o caráter ou a qualidade de um grupo étnico que freqüentemente se autodenomina comunidade" (BRASIL, 1997a, p. 13).

Do mesmo modo que os conceitos de **raça** ou de **etnia**, a **etnicidade** não é um conceito que estabeleça consenso. No plano internacional, e particularmente na França, as ciências sociais foram reticentes quanto ao seu emprego. Os estudos de expressão francesa omitiram, durante anos, quaisquer preocupações a respeito da temática e ainda hoje evitam utilizar o termo, uma vez que, para alguns pesquisadores, a palavra etnicidade e aquelas derivadas da mesma raiz grega *ethnos* seriam uma tentativa de "[...] atualizar as teorias raciais do século passado" (MARTINIELLO, 1995, p. 12). Sintomaticamente, no *Dicionário de Etnologia e de Antropologia*, de Pierre Bronté e Michel Izard, publicado em 1991, o conceito de **etnicidade** não é mencionado, sendo apenas tratado "[...] de maneira rudimentar sob as rubricas de etnia e etnias minoritárias" (MARTINIELLO, 1995, p. 11). O mesmo não ocorreu nos Estados Unidos, onde, a partir dos anos 1970, a palavra *ethnicity* vem ganhando cada vez maior importância na produção científica. Os estudos americanos, em especial os de Barth (1998), são referência importante na discussão desse conceito.

Os estudos de Barth (1998) romperam com uma perspectiva nas ciências sociais de se pensar a etnicidade em termos de grupos humanos diferentes, caracterizados por uma história e uma cultura próprias. Esse autor sugere que, antes, é preciso interrogar-se sobre as razões que levam à emergência de distinções étnicas em uma dada situação. Para ele, o substrato cultural da etnicidade é secundário em relação ao estabelecimento de fronteiras étnicas entre os grupos. As identidades e os grupos étnicos definem questões de organização social baseadas na auto-atribuição e na atribuição por outros de uma categoria étnica. Em geral, estão ligadas a uma situação de desigualdade estrutural que as desencadeia. Por isso, o conteúdo cultural que apresentam não é o aspecto decisivo de sua constituição. Considerando-se a cultura como processo em contínua transformação, essa deixaria de ser um elemento de definição diferenciadora de grupos para ser considerada uma resultante do estabelecimento de fronteiras étnicas que são sociais, simbólicas e mutáveis. O processo de construção dessas fronteiras constitui a etnicidade, que permite a diferenciação social e política dos grupos étnicos que estabelecem entre si relações de natureza diversa: cooperação, competição, conflito, dominação etc. No entanto, a produção e a reprodução das definições sociais e políticas da diferença, sobre a qual a etnicidade repousa, não são fundadas sobre critérios de veracidade. Em outras palavras, não são diferenças objetivas que estão em jogo, mas a percepção de sua importância, sejam elas **reais** ou não. Nas palavras de Barth (1998, p. 194), "As características [culturais] que são levadas em consideração não são a soma das diferenças **objetivas**, mas somente aquelas que os próprios atores consideram significantes".

Em que pese a contribuição fundamental, a teoria da etnicidade proposta por Barth apresenta algumas lacunas ao focalizar sua atenção em interações sociais e processos étnicos interpessoais, centrados em atores individuais. Também se constata a falta de um tratamento histórico aprofundado que permitisse mostrar de maneira satisfatória como as distinções étnicas emergem numa determinada época, a não-consideração do papel do Estado e de outras imposições estruturais, que acabam por mascarar o "[...] diferencial de poder – político ou econômico – que se manifesta entre os grupos étnicos em contato, ou entre certos grupos e o Estado" (MARTINIELLO, 1995, p. 51-53). Mas, se essas contribuições forem incorporadas numa perspectiva teórica que supere esses limites, a análise sobre os processos de construção da etnicidade pode oferecer subsídios imprescindíveis para a discussão da pluralidade cultural.

A apresentação das contribuições da antropologia é encerrada com o libelo de que

> [...] é errado, conceitual e eticamente, sustentar argumentos de ordem racial/étnica para justificar desigualdades socioeconômicas, dominação, abuso, exploração de certos grupos humanos. Historicamente, no Brasil, tentou-se justificar, por essa via, injustiças cometidas contra povos indígenas, contra africanos e seus descendentes, desde a barbárie da escravidão a formas contemporâneas de discriminação e exclusão destes e de outros

> grupos étnicos e culturais, em diferentes graus e formas. A escola deve posicionar-se criticamente, em relação a esses fatos, mediante informações corretas, cooperando no esforço histórico de superação do racismo e da discriminação (BRASIL, 1997a, p. 13-14).

Parece-me pouco provável que a escola se posicione criticamente em relação à história com uma concepção moralista que descole a dominação e a exploração de certos grupos humanos do contexto em que ocorreram e/ou foram refuncionalizadas para justificar a desigualdade. Afinal, o que hoje aparece como errado, conceitual e eticamente, pode não ter sido em épocas passadas. Desse modo, o foco de atenção deve ser centrado na compreensão dos mecanismos históricos que transformam a diferença num problema, resgatando a historicidade dos significados que a diversidade assume.

À Guisa de Conclusão

No campo da antropologia, o debate em torno da diversidade cultural é travado entre duas principais posições, recolocando em outras bases as questões apontadas pelas perspectivas evolucionista e culturalista. De um lado, a compreensão da diversidade cultural sendo informada pela universalidade humana. De outro, a diversidade cultural podendo ser compreendida exclusivamente no contexto particular em que foi elaborada, sem qualquer determinação universal. A primeira perspectiva é chamada racionalista ou anti-relativista, em oposição à segunda, denominada relativista, por defender o relativismo cultural.

A perspectiva que adoto para a compreensão da diversidade cultural quer inserir-se na zona de tensão entre as posições anti-relativistas e relativistas. Na verdade, isso não é muito evidente. O problema da posição relativista é que ela acaba sendo presa de uma análise redutora ao voltar sua atenção apenas para o contexto particular no qual a diversidade é produzida, perdendo de vista o contexto histórico global no qual essa e outras particularidades estão mergulhadas. Ao negar-se a possibilidade de compreensão da singularidade a partir da comparação com outras particularidades existentes, fica inviabilizada a sua própria compreensão. Quando definimos algo como diferente, temos necessariamente um parâmetro de referência para fazer essa afirmação.

A perspectiva anti-relativista ou racionalista é vista como incapaz de explicar os particularismos, uma vez que esses são reduzidos a uma estrutura permanente, definida pelos universais da ação e do pensamento humanos. Mas, evitando os riscos de tomar a diversidade cultural como epifenômeno da universalidade humana, parece-me possível unir a perspectiva racionalista e histórica com a dimensão da singularidade. O fato de o universal e o singular serem dimensões intrinsecamente relacionadas não nos autoriza a afirmar que convivam harmoniosamente e sem conflitos. A impossibilidade de dissociação entre essas duas dimensões muitas vezes só pode ser percebida por mediações que levem primordialmente em conta o processo histórico e a funcionalidade que, por exemplo, possa ter no presente uma manifestação cultural do passado, preservada pela tradição.

Compartilhando a perspectiva de evitar os riscos do argumento relativista, Lovisolo (1984) nos convidava a pensar a tarefa da antropologia no campo educacional como aliada na construção da democracia, nas sociedades que se representam a partir de sua diversidade. Tal afirmação não mereceria retoques se a realidade histórica fosse imutável, não fosse contraditória e não se transformasse. Atualmente, como disse, uma tendência fundamental parece indicar que o reconhecimento da diversidade das culturas existentes, inclusive no contexto escolar, vem sustentando a intolerância e o acirramento de atitudes discricionárias, especialmente quando a diferença passa a justificar um tratamento desigual. Mesmo que tal reconhecimento permaneça como o caminho necessário para a superação de tensões e conflitos ancorados na percepção das diferenças étnicas, raciais, de gênero, nacionais etc., rumo à construção e consolidação de uma sociedade democrática.

Não se trata mais de apenas pensar a construção de sociedades democráticas, mas de salvaguardar os seus princípios como prática e como idéia, já que a democracia está à prova, onde se acreditava que estivesse solidamente instalada. Especialmente nos países europeus, indaga-se sobre a necessidade de estabelecer limites ao relativismo cultural e sobre a urgência com que devem ser buscadas respostas para as possibilidades de articulação entre os valores universais e as especificidades culturais. Chama-se a atenção para os perigos de um multiculturalismo absoluto pleno de recusa do outro, que promove a fragmentação do espaço político e a degradação da democracia. Indica-se que apenas a conjunção do singular, do particular e do universal será capaz de realizar um novo modelo de integração, supondo, idealmente, que cada um se reconheça, para além das diferenças individuais e de grupo, numa visão política comum, porque a democracia não é possível senão quando um direito comum regula a coexistência das liberdades individuais e particulares.

A avaliação de que a escola, na Europa, é responsável por uma parte não negligenciável da formação para a cidadania, mas que continua a viver em um universo monocultural onde apenas a cultura dominante tem direito de expressar-se, não merece retoques. Não menos atraente é a idéia de que uma sociedade em perpétua mutação cultural deve educar as crianças em uma ótica pluricultural, tendo em vista sua inserção plena na vida social econômica contemporânea. Pretende-se, assim, oferecer, na escola, uma formação humanista. Contudo, entende-se que há riscos de que se promova um "humanismo inútil". Isso porque a escola não pode renunciar à inculcação de regras e convenções sociais da modernidade ocidental capitalista, da qual é fundadora e guardiã, em nome do relativismo cultural que proteja os indivíduos de uma violência e de uma imposição arbitrária que lhes é feita. Tal renúncia impediria os portadores de signos de diferença de transitar da socialização primária dada pela família, em direção à socialização secundária da objetividade social, mantendo-os na sua particularidade e privando-lhes do acesso à liberdade que o domínio dos códigos da sociedade onde ele viverá confere a um indivíduo. Assim, o que pode e deve fazer a escola para promover sua própria transformação é devolver no discurso escolar aquilo que é hoje ocultado: o uso social que é feito dos conhecimentos que ela transmite.

No Brasil, pode-se admitir que as preocupações em torno da consolidação da democracia, dos riscos das perspectivas relativistas, bem como as críticas dirigidas à escola correspondem em larga medida ao quadro universal que informa a situação em outros países no tocante ao reconhecimento das diferenças. Porém, em sua expressão singular, como afirma Borges Pereira (1996, p. 75),

> [...] dentre tantas características do modelo racial brasileiro – características que o definem e não permitem que seja comparado com os outros que o mundo conhece –, a ambigüidade é uma delas. Combatê-la, sim. Estigmatizá-la não conduz a lugar algum. Ignorá-la, também não. A ambigüidade é o dado de uma realidade desafiadora e movediça, plena de meios-tons, e como dado deve ser tratada.

Considerar o caráter ambíguo das relações interétnicas no país é condição para o aprimoramento de propostas que tratem da pluralidade cultural. É calcada na compreensão dos paradoxos implicados na questão que a busca de aliados e parceiros para discuti-la pode ser eficaz.

Referências Bibliográficas

AGUIAR, M. A. Parâmetros curriculares nacionais e formação do educador: a reforma educacional brasileira em marcha. *Educação & Sociedade*. Campinas, nº 56, p. 506-515, dez. 1996.

ANPEd. *Parecer da ANPEd sobre a proposta elaborada pelo MEC para o Plano Nacional de Educação*. São Paulo: ANPEd, 1997.

BANDEIRA, M. L. Projeto Tucum. *Boletim da ABA*. Campinas, nº 29, p. 9-11, 1º sem. 1998.

BARTH, F. Grupos étnicos e suas fronteiras. In: POUTIGNAT, S.F. *Teorias da etnicidade*. Tradução de Elcio Fernandes. São Paulo: Ed. da UNESP, 1998, p. 185-227.

BORGES PEREIRA, J. B. Racismo à brasileira. In: MUNANGA, K. (org.). *Estratégias e políticas de combate à discriminação racial*. São Paulo: EDUSP: Estação Ciência, 1996. p. 75-78.

BRASIL. Senado Federal. Constituição da República Federativa do Brasil. Brasília: Centro Gráfico, 1988.

_______. Lei nº 9.394 de 20 de dezembro de 1996, Estabelece as diretrizes e bases da educação nacional. *Diário Oficial*, Brasília, 23 de dezembro de 1996, p. 27833-41

_______. Secretaria de Educação Fundamental. *Parâmetros curriculares nacionais: pluralidade cultural – terceiro e quarto ciclos do ensino fundamental*. Versão preliminar para discussão nacional. Brasília: MEC/SEF, 1997a.

_______. Secretaria de Educação Fundamental. *Parâmetros curriculares nacionais: pluralidade cultural e orientação sexual.* Brasília: MEC/SEF, 1997b, v. 10.

_______. Secretaria de Educação Fundamental. *Parâmetros curriculares nacionais: apresentação dos temas transversais, ética.* Brasília: MEC/SEF, 1997c, v. 8.

_______. Secretaria de Educação Fundamental. *Parâmetros curriculares nacionais: introdução aos parâmetros curriculares nacionais.* Brasília: MEC/SEF, 1997d, v. 1.

CONSORTE, J. G. Culturalismo e educação nos anos 50: o desafio da diversidade. *Cadernos Cedes.* Campinas, 43, p. 26-37, dez. 1997.

DURHAM, E. R. A pesquisa antropológica com populações urbanas: problemas e perspectivas. In: CARDOSO (org.). *A aventura antropológica: teoria e pesquisa.* 2. ed. Rio de Janeiro: Paz e Terra, 1986.

GARCIA, R. L. Currículo emancipatório e multiculturalismo: reflexões de viagem. In: SILVA, T. T.; MOREIRA, A. F. (org.). *Territórios contestados: o currículo e os novos mapas políticos e culturais.* Petrópolis: Vozes, 1995. p. 114-143.

GUSMÃO, N. M. M. Apresentação. *Cadernos Cedes.* Campinas, nº 43, p. 5-7, dez. 1997a.

_______. Antropologia e educação: origens de um diálogo. *Cadernos Cedes.* Campinas, nº 43, p. 26-37, dez. 1997b.

LÉVI-STRAUSS, C. *Antropologia estrutural.* Rio de Janeiro: Tempo Brasileiro, 1975.

LOPES DA SILVA, A.; GRUPIONI, L. D. B. *A temática indígena na escola: novos subsídios para professores de 1º e 2º graus.* Brasília: MEC/MARI/UNESCO, 1995.

LOVISOLO, H. R. Antropologia e educação na sociedade complexa. *Revista Brasileira de Estudos Pedagógicos*. Brasília, v. 65, n° 149, p. 56-69, jan./abr. 1984.

MARTINIELLO, M. *L'ethinicité dans les sciences sociales contemporaines*. Paris: PUF, 1995.

PEIRANO, M. G. S. Os antropólogos e suas linhagens. *Revista brasileira de Ciência Social*. São Paulo, n° 16, ano 6, p. 43-50, jul. 1991.

VALENTE, A. L. E. F. *Educação e diversidade cultural*. São Paulo: Moderna, 1999 (no prelo).

_______. Educação e diversidade cultural: algumas reflexões sobre a LDB. In: V CONGRESSO AFRO-BRASILEIRO. *Anais*... Salvador: UFBA, ago. 1997c.

_______. *Em terreno escorregadio*: educação intercultural na capital da União Européia. Relatório de pesquisa, Louvain-la-Neuve/ Campo Grande, 1996a.

_______. Estado, educação e etnicidade: a experiência belga. In: XIX ANPEd. *Anais*... Caxambú, 1996c.

_______. Por uma antropologia de alcance universal. *Cadernos Cedes*. Campinas, n° 43, p. 58-74, 1997b.

_______. *Ser negro no Brasil hoje*. 16. ed. São Paulo: Moderna, 1997a.

_______. Usos e abusos da Antropologia na pesquisa educacional. *Pro-posições*. Campinas, n° 20, p. 54-64, 1996b.

Comunidades de escolas democráticas

Beatriz de Basto Teixeira[*]

Introdução

A reflexão sobre o emprego da noção de comunidade surgiu como um tema de pesquisa quando estudava os Parâmetros Curriculares Nacionais (PCNs), publicados pelo Ministério da Educação e do Desporto (MEC), e um conjunto de documentos relativos aos colegiados de escola em Minas Gerais, legislação e documentos da Secretaria de Estado da Educação (SEE-MG) no período entre 1983 e 1999, para a elaboração de Tese de Doutorado (TEIXEIRA, 2000). Procurei analisar essas políticas com vistas à construção de escolas democráticas como definidas por Apple e Beane (1997, p. 39-40), que precisam de uma **comunidade** para sua construção em qualquer uma ou nas duas linhas de trabalho adotadas para isso: currículo ou estruturas de decisão. Os autores dizem:

---

* Professora do Departamento de Ciências Sociais e do Mestrado em Educação da Universidade Federal de Juiz de Fora (MG).

> As escolas democráticas precisam basear-se numa definição abrangente de nós, num compromisso de **construir uma comunidade que é tanto da escola quanto da sociedade onde ela existe.** [...] Em todos os casos, o sucesso exigiu a construção consciente de coalizões dentro da escola e entre a escola e as clientelas fora dela. Em nenhum dos casos o impulso veio de cima. Ao contrário: os movimentos de base – grupos de professores, a comunidade, ativistas sociais etc. – geraram a força propulsora da mudança. Finalmente, nenhuma das reformas foi guiada por uma visão técnica, de sucesso-a-todo-custo. Todas estavam, ao contrário, ligadas a um conjunto de valores definidos em termos amplos, postas em prática: aumentar a participação nos movimentos sociais e na escola, fortalecer indivíduos e grupos em geral silenciados, criar novas formas de articular o mundo real e os problemas sociais reais com a escola, de tal maneira que a escola esteja integralmente vinculada com as experiências das pessoas em sua vida cotidiana. (grifo meu).

Destaco a expressão **construir uma comunidade** porque considero que ela pode dar a chave para compreendermos o que realmente significa a participação da comunidade na escola, na elaboração de seus programas de ensino, na interpretação das políticas educacionais com vistas à sua implementação nas várias unidades de ensino.

Nos PCNs e nos documentos dos colegiados de escola em Minas Gerais, procurei chamar a atenção para os usos do termo comunidade. Sendo os PCNs uma proposta do MEC para a elaboração de uma base comum nacional, norteadora dos currículos para o ensino fundamental, e os colegiados mineiros estruturas de gestão da escola, é recorrente a idéia de que a comunidade deve estar envolvida com a sua produção, ou melhor, com a implementação dessas duas linhas de trabalho para que o ensino ministrado nas unidades escolares esteja de acordo com as populações atendidas, tenha qualidade e forme para a cidadania democrática.

Entretanto, apontando a imprecisão com que o termo comunidade é empregado, sugeri que isso pode ser um dificultador para que se construa efetivamente essa relação nas escolas. A tentativa de esclarecer o significado do conceito de comunidade pode ser um caminho para que a relação entre os vários segmentos envolvidos e interessados numa educação democrática ou para a democracia seja bem-sucedida na consecução de seus objetivos.

Com relação aos PCNs, destaquei que entre suas características está

> [...] a de mostrar a importância da participação da **comunidade** na escola, de forma que o conhecimento aprendido gere maior compreensão, integração e inserção no mundo; a prática escolar comprometida com a interdependência **escola-sociedade** tem como objetivo situar as pessoas como participantes da sociedade – cidadãos – desde o primeiro dia de sua escolaridade (BRASIL, 1998, p. 10) (grifo meu).

O documento ministerial intenciona, ainda,

> [...] provocar debates a respeito da função da escola e reflexões sobre o que, quando, como e para que ensinar e aprender, que envolvam não apenas as escolas, mas também **pais, governo e sociedade** (BRASIL, 1998, p. 9) (grifo meu).

Outro trecho do documento refere-se à

> [...] necessidade da participação da **comunidade** [na contínua realização do projeto educativo], **em especial dos pais**, tomando conhecimento e interferindo nas propostas da escola e em suas estratégias (BRASIL, 1997, p. 49) (grifo meu).

Também para o desenvolvimento dos temas transversais os PCNs contam com a participação da comunidade:

> [...] o que aponta a necessidade de envolvimento de todos no processo de definição do trabalho e das prioridades a serem

> eleitas. [...] Cada um – **alunos, professores, funcionários e pais** – terá sua função nesse trabalho (BRASIL, 1997, p. 51) (grifo meu).

Para o trabalho com os temas transversais, a escola deve, também, manter

> [...] contato com as instituições e organizações (tais como postos de saúde, bibliotecas, organizações não-governamentais, grupos culturais etc.), compromissadas com as questões apresentadas pelos Temas Transversais, que desenvolvem atividades de interesse para o trabalho educativo (BRASIL, 1997, p. 52).

Em artigo intitulado **"A relação entre escola e comunidade na perspectiva dos Parâmetros Curriculares Nacionais"**, Nogueira (1999) procura tirar as dúvidas que possam surgir no entendimento dessa relação – como as que eu mesma tive. Nogueira (1999, p. 14) tenta esclarecer que a relação entre a escola e a comunidade deve ser de inserção e pertencimento. Busca essa indicação no próprio texto dos PCNs. E isso ilustraria a concepção de "[...] escola como comunidade escolar [...]", subtítulo usado pela autora (NOGUEIRA, 1999, p. 14), que estaria presente nos PCNs. Entretanto, caberia uma questão: se a escola é uma comunidade escolar, que tem como objetivo o desenvolvimento de um processo educativo que prepare o indivíduo para a participação social, não seria o caso de incluir entre seus membros outros segmentos capazes de contribuir para que a educação oferecida pela instituição seja adequada às exigências da sociedade em relação a ela? Dito de outra forma, não seria o caso de outros setores além de professores, alunos, pais de alunos e funcionários participarem dessa comunidade? Por exemplo, associações atuantes na localidade em que está inserida a escola, pesquisadores e profissionais da educação interessados em contribuir para o desenvolvimento do processo educativo. Essa relação entre a escola e a comunidade não criaria uma área de interseção entre esses dois grupos, comunidade escolar e comunidade em geral, formando o que poderia ser chamado ainda comunidade escolar, entretanto com uma composição ampliada? Uma relação comunitária entre professores, pais, alunos, funcionários e líderes de organizações atuantes no bairro, por exemplo, membros de outras instituições que viessem a participar do processo educativo?

O texto dos PCNs, mesmo com os esclarecimentos de Nogueira (1999), ainda deixa uma certa margem de dúvida quanto ao emprego do termo comunidade. A dificuldade de saber **quem** é a comunidade chamada a participar da escola pode ser um empecilho para a constituição de uma relação que efetivamente integre a escola e a população por ela atendida, entendida essa num sentido bem amplo – os que compõem num determinado momento sua clientela e os que poderão compô-la no futuro.

A mesma imprecisão no uso do termo comunidade pode ser verificada em documentos relativos aos colegiados de escola em Minas Gerais. Os documentos da SEE-MG utilizam os termos **comunidade em geral** ou **comunidade**, ora referindo-se ao entorno da escola, ora à sociedade civil, ou ainda quando se trata da comunidade escolar (professores, alunos, funcionários e pais).

O documento *Educação para a Mudança* (MINAS GERAIS, 1983a, p. 63) fala da "[...] participação da comunidade e do pessoal docente, por meio da implantação de esquemas integrados de atuação nas diversas instituições do sistema educacional [...]" como recurso para uma crescente adequação dos serviços de educação às realidades regionais. Esse documento serviu de orientação para as discussões preparatórias ao I Congresso Mineiro de Educação (CME), que ocorreu em 1983 e seria a última etapa de um processo participativo de elaboração da política educacional do estado de Minas Gerais, logo após a vitória de Tancredo Neves nas eleições governamentais de 1982. Voltando ao documento, comunidade e pessoal docente são grupos diferentes? Quem compõe a comunidade nesse caso?

A Resolução nº 4.787/1983 (MINAS GERAIS, 1984b), que institui os colegiados de escola em Minas Gerais logo após o CME, fundamenta essa ação da SEE-MG, entre outras razões, na "[...] necessidade de promover a integração da **comunidade e escola** para que esta corresponda às exigências sociais [...]" Comunidade e escola são grupos diferentes? Entretanto, definindo a composição do colegiado, assim dispõe:

> Art. 2º - O Colegiado será composto de representantes da comunidade escolar, eleitos periodicamente.
> § 1º - Entende-se por comunidade escolar todo o pessoal em exercício na escola, alunos, pais de alunos e grupos comunitários.
> § 2º - Cabe ao diretor da escola a presidência do Colegiado (MINAS GERAIS, 1984b).

A comunidade escolar aparece aqui bastante ampliada. Além de professores, diretor, especialistas e servidores – **o pessoal em exercício na escola** –, fazem parte da comunidade escolar os **grupos comunitários**. Supõe-se que estejam incluídos entre esses associações, entidades, organizações que atuem na localidade da escola. O projeto pedagógico da escola seria o resultado da interação desses segmentos no colegiado, o que me parece coerente com a **necessidade de promover a integração da comunidade e escola para que esta corresponda às exigências sociais**, que justifica a publicação da referida Resolução. Quanto mais plural for a participação no órgão colegiado, mais o processo educativo pode ser satisfatório para as necessidades educacionais demandadas da escola.

Como a instituição dos colegiados teria sido fruto das reivindicações de movimentos sociais, especialmente dos professores, que influenciaram a política emanada do CME, é compreensível que o órgão escolar tenha assumido, entre outras, a função de dar uma forma organizativa à capacidade de mobilização que emergia da sociedade.

A Reforma Educacional implementada em Minas Gerais a partir de 1991, e que teria ficado mais conhecida pelo convênio firmado com o Banco Mundial para o desenvolvimento do Projeto ProQualidade (ver MINAS GERAIS, 1994a), cria toda uma nova legislação para a educação no estado. A composição do colegiado instituído em 1992 pelo Decreto nº 33.334/1992 (MINAS GERAIS, 1994c) reflete uma outra compreensão da noção de comunidade escolar:

> Art. 2º - O Colegiado será composto pelo Diretor da unidade de ensino, que o presidirá, e por representantes de:
> I - professores, especialistas de educação e demais servidores da unidade de ensino;
> II - alunos regularmente matriculados, com idade mínima de 16 (dezesseis) anos;
> III - pais ou responsáveis pelos alunos regularmente matriculados, inclusive daqueles com mais de 16 (dezesseis) anos;
> Parágrafo único - Cada representante terá um suplente, sendo ambos eleitos pelos membros de seu respectivo segmento, em assembléia, para mandato fixado de acordo com normas da Secretaria de Estado da Educação.

Outros documentos editados pela SEE-MG, ainda sob a vigência da legislação de colegiados de 1992, deixam certa margem de dúvida sobre o que é tomado como a comunidade escolar. O **Caderno do Aluno** (MINAS GERAIS, p. 4), do projeto **Escola Legal**, diz que na escola

> [...] aparecem todas as nossas relações com a família, com ami-

> gos e amigas, com o pessoal do bairro [;] [...] é também lá que encontramos, diariamente, nossos colegas e onde moram os nossos sonhos e os nossos projetos de futuro.

Entretanto, essas relações não ganham forma organizativa alguma na legislação educacional em vigor a partir de 1992. O ***Caderno da Escola*** (MINAS GERAIS, 1996a, p. 7) afirma que "[...] para projetar uma escola ideal é preciso, antes de mais nada, que a escola conheça os alunos e as alunas que ela está atendendo e as crianças que poderão ser atendidas no futuro". Mas, mais uma vez, falta a presença mais ampla dos setores interessados na educação para que o projeto pedagógico possa se adequar às expectativas da sociedade em relação ao trabalho que a escola possa desenvolver no futuro.

O ***Caderno do Aluno*** (MINAS GERAIS, 1996b, p. 23-24) refere-se ainda à necessária presença de **patrocinadores**, numa linguagem figurada, para construir a **escola legal**. Patrocinadores seriam parceiros da escola, o pessoal do bairro, por exemplo, que colaboraria com recursos materiais para o desenvolvimento do trabalho escolar. Mais parece um **serviço de voluntariado** que a participação na definição de questões propriamente pedagógicas. Mesmo porque, reafirmo, não está prevista em lei – Resolução nº 6.907/1992 e Decreto nº 33.334/1992 – a presença dos parceiros como membros efetivos do colegiado escolar. Nem a Resolução nº 7.943/1997 (MINAS GERAIS, 1997) passou a prever essa possibilidade. Essa peça legal (Artigo 11º, § 5º) permite apenas a

> [...] participação de integrante da comunidade escolar, nas reuniões do Colegiado, sem direito a voto, quando constar da pauta assunto de seu interesse particular ou do interesse de seu representado, no caso de pais ou responsáveis por aluno menor de 16 anos.

Serviço de voluntariado é, aliás, o que vem propondo a campanha Amigos da Escola, desenvolvida pelo Projeto Brasil 500 Anos em conjunto com o Comunidade Solidária, apoiado pela Rede Globo, que coloca seu meio de comunicação a serviço da mobilização de voluntários (AMIGOS..., 2000).

A descrição do projeto **Amigos da Escola** serve para mostrar que o que se espera de uma comunidade de ensino para a construção de uma escola democrática (APPLE e BEANE, 1997) é uma relação bastante diferente dessa desenvolvida pelo trabalho de voluntariado. Os amigos da escola farão o que o diretor de escola julgar necessário, tendo esse autonomia para decidir sobre as ações que julgar mais urgentes para a melhoria da escola – como se as unidades de ensino não tivessem órgãos colegiados para decisões mais coletivas (pelo menos o texto da campanha é falho nesse sentido). Além disso, serão os responsáveis pela captação dos recursos a serem aplicados nas melhorias requeridas pela escola – suprindo as verbas públicas que deveriam ser destinadas a esse fim; o poder público sai de cena. Tudo indica que tenha sido essa a visão presente no projeto **Escola Legal** (MINAS GERAIS, 1996a, 1996b e 1996c). Ele também é uma parceria, dessa vez entre a SEE-MG, a Fundação Roberto Marinho e a FIEMG. O problema é que voluntários, parceiros ou patrocinadores não estabelecem necessariamente uma relação comunitária entre si e com os demais segmentos da escola – pelo menos nos termos propostos pelo **Escola Legal** ou pelo **Amigos da Escola**.

Voltando a tratar dos documentos sobre os colegiados mineiros, somente no *Relatório do Grupo de Trabalho para a realização de estudos e definição de princípios norteadores da Gestão Democrática da Escola na Rede Pública do Estado de Minas Gerais* (MINAS GERAIS, 1999) começa a surgir alguma luz sobre a necessidade de ampliação da composição do colegiado de escola e um novo entendimento do que venha a ser a comunidade escolar, a partir de uma citação de Paulo Freire (apud MINAS GERAIS, 1999, p. 18). O educador teria dito, em entrevista à TVE-Rio de 17 de abril de 1997, que a **Escola Cidadã** deve ser uma escola de **comunidade**, de companheirismo. O que pode ser lido como uma instituição em que vigem relações de tipo comunitário. Mais importante do que propriamente a composição do colegiado de escola, passa a ser o tipo de relação que se estabelece entre seus membros.

Contudo, nesse mesmo *Relatório* (MINAS GERAIS, 1999, p. 17), a imprecisão no uso do termo comunidade pode ainda comprometer a idéia de que uma comunidade de ensino deva ser construída para que se tenha uma escola democrática. Diz o texto:

> A participação da comunidade escolar e local está sendo entendida como o princípio que garante a presença da comunidade na escola, principalmente em seus órgãos colegiados. Incorpora, portanto, a idéia de que a presença da comunidade local (pais e alunos) embora, por si só, não garanta o desejado ensino de qualidade, permite que a luta por esse ensino tenha prosseguimento. A preocupação é a de reconhecer que é necessário continuar reivindicando o direito de acesso e de permanência em uma escola pública de qualidade.

Quem é a comunidade local? Quem é a comunidade escolar? Se a lei dispõe que o colegiado será composto pelos membros da comunidade escolar, estando entre eles pais e alunos, por que situá-los na comunidade local? Por que situar nessa posição os alunos, destinatários do processo educativo, e os pais, que se pretende que sejam co-partícipes da tarefa de educar os jovens?

Nessa mesma direção vai a ***Pesquisa sobre o funcionamento dos colegiados das escolas públicas estaduais*** (MINAS

GERAIS/BANCO MUNDIAL, 1999), que pretendeu fazer uma avaliação da política implementada no estado a partir de 1991. Referindo-se à composição do colegiado, diz que:

> [...] Os membros do Colegiado são os professores, os especialistas de educação, outros servidores da escola, pais e alunos com idade mínima de dezesseis anos. Os segmentos *família* (pais e alunos) e *escola* (professores, especialistas e pessoal administrativo) escolhem os seus representantes (MINAS GERAIS/BANCO MUNDIAL, 1999, p. 2).

Essa segmentação pode estar relacionada à própria legislação que, a partir de 1992 – com a Resolução nº 6.907/1992 (MINAS GERAIS, 1994b), fixa a garantia de proporcionalidade na representação dos segmentos no colegiado de escola em 50% para os servidores (professores, especialistas e demais servidores da unidade de ensino) e em 50% para pais e alunos considerados em conjunto. Mas também pode estar imbuída de uma concepção que vê os servidores da escola como prestadores de serviço e pais e alunos como consumidores – como se nessa instituição estivesse sendo negociada uma mercadoria como qualquer outra, bem ao gosto da Qualidade Total tão em voga no estado de Minas Gerais no início da década de 1990.

Tendo apontado o surgimento de uma concepção diferente da composição da comunidade escolar e da idéia de uma escola de comunidade ***no Relatório do GT para a realização de estudos e definição de princípios norteadores da Gestão Democrática da Escola na Rede Pública do Estado de Minas Gerais*** (MINAS GERAIS, 1999), aproveito para dar um outro exemplo de como se pode caminhar para uma delimitação mais adequada desses termos e uma mudança efetiva na relação vivida dentro da escola. Os documentos produzidos pelo Projeto Comunidade Presente, desenvolvido pela Fundação para o Desenvolvimento da Educação (FDE), da Secretaria de Estado da Educação de São Paulo (SEE-SP), apontam a possibilidade de que o conceito de comunidade seja discutido com os segmentos partícipes do processo educativo e de que a comunidade escolar tome uma outra forma – que não apenas servidores da unidade de ensino em geral e pais e alunos.

Como objetivo geral o Projeto Comunidade Presente (FUNDAÇÃO..., 1998b, p. 6) estabelece:

> Fortalecer, por meio das Delegacias de Ensino (DEs), das Unidades Escolares (UEs), das Associações de Pais e Mestres (APMs), dos Conselhos de Escola (CEs) e dos Grêmios Estudantis (GEs), a interação da escola com a comunidade, com o intuito de promover uma ação mais eficaz no trato das diferentes formas de violência e elucidar a importância da participação da comunidade como prática no processo de construção da cidadania.

Até aí o documento de apresentação do projeto não enuncia de maneira diferente a relação escola-comunidade. A comunidade a qual está se referindo nesse trecho pode ser entendida como o entorno da escola, a população que ela atende – como já havia aparecido em documentos do estado de Minas Gerais. Mas o que julgo uma novidade são os conteúdos a serem desenvolvidos durante a capacitação de técnicos e de representantes da equipe escolar e da comunidade para implementação do projeto. Entre os conteúdos a serem discutidos estão:

O eixo da capacitação deve girar em torno do conceito de comunidade e suas diferentes implicações, tais como:

- O que é uma comunidade?
- Como é a comunidade? Quais são as suas dificuldades? Como ela se organiza?
- Quais as lideranças e articulações da comunidade?
- Quais as diversidades culturais locais?

- Como é a relação entre a comunidade e a escola? (FUNDAÇÃO..., 1998b, p. 10).

Trazer esse conceito para a discussão é um passo importante no sentido de esclarecer o seu significado. Não apenas o seu significado sociológico, por exemplo, mas também a conotação que ele deve assumir em tempos diferentes daquele em que foi originalmente pensado. Essa é uma questão relevante neste trabalho, na qual me deterei mais adiante. Importa hoje saber o que é uma comunidade, que feições ela pode assumir, quem pode compô-la para que se construa uma comunidade de ensino como a proposta por Apple e Beane (1997), essencial na construção de escolas democráticas.

O Projeto Comunidade Presente apresenta uma outra possibilidade de um novo entendimento da noção de comunidade escolar. Na cartilha *Falando com a Comunidade* (FUNDAÇÃO..., 1998a), material subsidiário da discussão preparatória do Projeto, é buscada uma definição do que seja a escola:

> Como você já viu, há diferentes visões sobre Escola.
> Assim, vamos definir uma visão (um conceito) de Escola para esse nosso bate-papo.
> Você sabe que na Sociedade as pessoas se agrupam, formando conjuntos.
> **Elas podem até ter motivos diferentes, mas juntas procuram atingir um objetivo comum.** Há diferentes tipos de conjuntos.
> E você, participa de algum conjunto? Qual(is)?
> Você já pensou que a Escola Pública também é um conjunto?
> Quem faz parte desse conjunto?
> **Diretora — professores — funcionários — alunos.**
> E mais... **Todas as pessoas da Comunidade que utilizam os trabalhos da Escola ou podem fornecer seus trabalhos a ela. Tudo isso forma a Comunidade Escolar. (FUNDAÇÃO..., 1998a, p. 5-8).**

O que chamo de novidades no Projeto Comunidade Presente são essas formulações em seus documentos, que permitem que se trate de uma forma diferente a interação entre todos os envolvidos no processo educativo. Em vez de se convencionar que a comunidade escolar é composta por professores, diretores, alunos, pais e funcionários, abre-se a discussão sobre o próprio conceito de comunidade. Cria-se a possibilidade de, discutindo as várias acepções desse termo e explorando o que realmente pode significar uma relação comunitária, construir uma interação mais forte entre os interessados em desenvolver, por exemplo, uma **educação para a democracia**. A noção de comunidade resgata um de seus elementos, que é o compartilhamento de objetivos e valores comuns. E isso pode representar uma qualidade de participação na escola em que todos os assuntos sejam de fato debatidos por todos; tudo que acontece na escola – especialmente o processo pedagógico propriamente dito – deixa de ser saber dominado por especialistas e passa às mãos de todos que utilizam a escola ou virão a utilizá-la – pelo caráter social que tem.

Comunidade na Escola?

Usando recursos da Sociologia para a discussão do conceito de comunidade, vale lembrar como ele sempre apareceu associado, formando um par conceitual, à noção de sociedade. Como diria Ianni (1989, p. 15), trata-se de um problema recorrente na Sociologia.

A noção de comunidade teria chegado à educação através do pensamento escola-novista norte-americano e europeu, que a admite em seu ideário para definir tanto a escola como o meio social em que esta se insere, usando como sinônimos os termos comunidade e sociedade (SPÓSITO, 1988, p. 374).

Spósito (1988, p. 375-376) formula uma crítica ao uso do termo comunidade como referente às relações que se dão no interior da escola e às dessa com seu meio social. A burocratização das estruturas administrativas dos sistemas de ensino – que transforma a "[...] *ação comunitária* em uma *ação societária* racionalmente ordenada [...]" (WEBER apud SPÓSITO, 1988, p. 375); a diferenciação da clientela escolar em termos socioeconômicos, decorrente da expansão da rede pública de ensino; e a convivência de setores sociais com profundas diferenças culturais teriam dado ao conceito de comunidade a função de elidir o conflito, pelo menos no discurso oficial e dos educadores, entre grupos tão diferentes e desiguais.

Uma visão também crítica em relação ao emprego do conceito de comunidade é expressada por Cunha (1995, p. 378-388)[1], não só por sua origem na Sociologia – relacionada a um certo **saudosismo** da união real e orgânica entre os homens, perdida com a era moderna –, mas também pelo uso que dele se fez no Brasil a partir da década de 1970. A noção foi adaptada às nossas condições: o localismo, que estaria ao lado da relação de clientela; a comunidade de culto, que favoreceria o controle da Igreja Católica; e o populismo, que encontra no povo simples seus protegidos (CUNHA, 1995, p. 378-388).

No pensamento educacional, Cunha (1995, p. 385) faz diagnóstico muito semelhante ao de Spósito (1988, p. 375-376) sobre o emprego da noção de comunidade. Essa **ideologia** serviria para "[...] evitar ações e pensamentos divergentes, visando a reforçar a identidade comum [...]", criando uma certa

> [...] homogeneidade, não se levando em conta que as pessoas só podem crescer através de processos que propiciem seu encontro com pessoas, coisas e situações desconhecidas, diferentes do que lhes é familiar [...].

---

1. O autor também trata desse tema e da contribuição da Sociologia para a crítica ao uso desse conceito na educação em Cunha (1993).

Penso, entretanto, que o conceito de comunidade pode ser reconstruído, ou melhor, entendido. Boudon e Bourricaud (1993, p. 72-77) comentam que o conceito de comunidade foi incorporado ao conjunto dos termos técnicos da sociologia a partir de ***Comunidade e Sociedade***, de Ferdinand Tönnies, sem que isso tenha contribuído muito para esclarecer o tipo de relações que uma e outra representam. O sociólogo alemão construiu dois conceitos da seguinte maneira: o primeiro tipo é a "[...] *comunidade* (*Gemeinschaft*), estabelecida na identidade substancial de vontades, assinaladas umas às outras – nem sempre conscientes disso – pela mesma origem e destino [...]"; e o segundo é a "[...] *sociedade* (*Gesellschaft*), fundada na estrita individualidade de interesses [...]" (BOUDON e BOURRICAUD, 1993, p. 73). Os autores do *Dicionário Crítico de Sociologia* (BOUDON e BOURRICAUD, 1993, p. 73) afirmam que, a partir de então, os termos comunidade e sociedade estiveram associados às mais embaraçosas confusões, principalmente por fixarem apenas dois tipos de situações em que os homens pudessem viver suas relações.

Muito importante para esclarecer essa confusão é o artigo de Miranda (1996, p. 20). Para esse autor, o sociólogo alemão teria produzido esses dois conceitos como recurso para a mente humana, que opera de modo lógico formal, entender a realidade, que opera de modo dialético.

Daí que, por mais que Tönnies e outros sociólogos tenham se esforçado em construir tipologias, as dificuldades de enquadrar as coletividades humanas num ou noutro tipo de sociabilidade decorrem da própria realidade, em que o homem está em contradição consigo mesmo e com a coletividade. Como se todos vivêssemos ao mesmo tempo na sociedade e em comunidade.

Mesmo tendo chamado a comunidade, portanto, de esfera da vontade comum, de uma soma de querer e poder como obrigação e dever, Tönnies (1973, p. 101) admite que:

> [...] existem e nascem desigualdades reais no interior da comunidade, tanto pelas obrigações e pelos direitos amplos e restritos, como pela própria vontade da comunidade. No entanto, elas podem estender-se somente até um determinado limite, pois além desse limite cessa a existência da comunidade enquanto unidade das diferenças: de um lado (para cima), porque a força do direito pessoal torna-se muito grande e, conseqüentemente, sua ligação com a força do direito geral torna-se indiferente e sem valor; de outro lado (para baixo), porque a força própria torna-se muito pequena e sua ligação, irreal e sem valor.

Comunidade e sociedade, quando se prestam a recursos analíticos, são formas de sociabilidade que dependem do tipo de relações vividas entre os homens. Isso marca um ou outro caso, ou ainda algum tipo misto de relações. E a assunção da possibilidade do surgimento de desigualdades no interior da comunidade, por Tönnies, permite a Boudon e Bourricaud (1993, p. 74) falarem dela como relação complexa e heterogênea.

> A comunidade não constitui uma relação social simples e primitiva. Ela é ao mesmo tempo complexa, uma vez que associa, de maneira muito frágil, sentimentos e atitudes heterogêneos, e aprendida, uma vez que somente graças a um processo de socialização, que, a rigor, nunca termina, aprendemos a participar de comunidades solidárias. Ela jamais é pura, já que vínculos comunitários estão associados a situações de cálculo, conflito ou mesmo violência (BOUDON e BOURRICAUD, 1993, p. 74).

Essa visão autoriza o deslocamento da noção de comunidade de uma relação fundada em um *a priori* – laços de sangue, aproximação espacial, aproximação espiritual em Tönnies (1973, p. 104), para sua fundação por meio de um processo de comunicação formador de consenso. Isso aliás já estaria previsto pelo autor de *Comunidade e Sociedade*, quando chama de compreensão (consenso) os "[...] sentimentos recíprocos comuns e associados, enquanto vontade própria de uma comunidade [...]" (TÖNNIES, 1973, p. 102). Consenso que se "[...] desenvolve e forma sua existência [...]" na "[...] própria língua, em sua expressão comunicativa e receptiva de gestos e de sons que traduzem a dor e o prazer, o medo e o desejo e todos os outros sentimentos e emoções [...]" (TÖNNIES, 1973, p. 103).

Ao que Boudon e Bourricaud (1993) chamaram de confusões no emprego dos conceitos de comunidade e sociedade – a dificuldade de **classificar** relações reais a partir de tipos puros, outras formulações do conceito e o desenvolvimento da própria realidade foram acrescentando dificuldades.

Identificando as bases da comunidade como sendo a localidade e o sentimento de comunidade, MacIver e Page (1973, p. 122) acabam imputando a esse a maior responsabilidade em definir a existência de uma comunidade. Isso porque no mundo moderno – como eles mesmo admitem (MAcIVER e PAGE, 1973, p. 123-124) –, o laço local estaria enfraquecido pela extensão dos meios de comunicação. Mas o outro lado dessa moeda é que a comunicação ampliada pode criar uma outra comunidade, ainda com base territorial – somente mais ampla; e, ainda, continuariam existindo **fronteiras** entre várias comunidades com bases territoriais menores. No final das contas, uma comunidade tem de ter uma base local, não importa o tamanho desta, e, como determinante da sua condição, um sentimento de co-participação, de compartilhamento – uma identidade. E isso não se estabelece necessariamente entre vizinhos. Podemos ocupar uma posição territorial contígua, a casa ao lado, sem que tenhamos com isso constituído uma comunidade.

Comunidades **grandes** ou **pequenas** existiriam para satisfazer necessidades diferentes (MAcIVER e PAGE, 1973, p. 126). Necessidades são desejos conscientes: sei que as tenho, busco sua satisfação, tento reunir meios para isso (HELLER, 1986, p. 170). Essa é uma atividade consciente, em que posso me unir a outros indivíduos portadores das mesmas necessidades para satisfazê-las. Essa condição não está dada *a priori* para nenhum de nós; só descobrimos que estamos no mesmo barco porque de alguma maneira nos comunicamos e podemos decidir nos unir para alcançar nosso objetivo. Feito isso, podemos também co-locar nossa relação em algum lugar.

Retorna-se, então, ao fundamento da comunidade na existência de uma base territorial delimitada onde ela se instala. Já em 1956, ano da publicação original de seu artigo, Wirth (1973, p. 90) aponta a dificuldade da determinação de uma base territorial para a existência de uma comunidade.

E questionando os critérios para delimitação da base territorial de uma comunidade, Wirth (1973, p. 86-87) coloca também em dúvida os fundamentos que tradicionalmente teriam sido da comunidade.

> Em certo tempo, as relações territoriais, de parentesco e de interesses eram, aparentemente, mais contérminas do que são atualmente. [...] À medida que a vida tradicional cede o lugar para a civilização tecnológica, novas bases para integração social deverão aparecer se os homens tiverem a capacidade de agir coletivamente em face de interesses divergentes e da crescente interdependência. [...] Não se podem traçar os limites territoriais de comunidades modernas baseando-se num único critério. [...] A multiplicação de grupos formais nos tempos modernos, a extensa dispersão de seus membros e o crescente número de laços de identificação e ligação do indivíduo com diversas sociedades, muitas vezes obscurecem o fato de que toda sociedade é também, em certo grau, uma comunidade.

Não seria apropriado, portanto, falar da sociedade como uma sucessora da comunidade, depois de ter-se instalado nessa a dominação, como fez Freyer (1973, p. 137-138). Da luta entre dois grupos separados e da vitória de um deles sobre o outro, ter-se-ia erigido uma estrutura que se impõe pela dominação sobre grupos heterogêneos para manter a sociedade coesa. A visão de um ou outro dos grupos contendedores **pode** acarretar um uso ideológico dos termos comunidade e sociedade. A primeira, como o paraíso perdido das relações humanas, deveria ser objeto da nossa saudade, época em que éramos todos iguais, unidos pelo e para o bem comum, contra o caos instalado pelo mundo moderno – assim diriam os saudosos do Antigo Regime. A segunda seria época de mudança, de abertura de todas as possibilidades para os homens, de fortalecimento das nossas individualidades, de controle da natureza e quiçá da própria sociedade, contra o anacronismo dos tempos passados – assim diriam os apologistas do progresso. Nos dois casos perde-se de vista o entrecruzamento dos dois conceitos e as possibilidades de seu emprego, como idéias prático-regulativas, para a construção de relações sociais mais intensas e proveitosas para o desenvolvimento humano, ou, ainda, mais democráticas. Talvez só se pudesse falar em sucessão de formas de sociabilidade, pensando-se que uma delas, a sociedade, se torna predominante em relação à outra, a comunidade, quando são criados os Estados nacionais, o comércio em larga escala, quando a divisão de trabalho se torna mais intensa.

Weber (1973) também percebe comunidade e sociedade como formas de sociabilidade fortemente entrelaçadas. Define a comunidade como relação social em que "[...] a atitude na ação social – no caso particular, e termo médio ou no tipo puro – inspira-se no *sentimento* subjetivo (afetivo ou tradicional) dos partícipes da *constituição de um todo* [...]" (p. 140). Sociedade é a relação social em que

> [...] a atitude na ação social inspira-se numa *compensação* de interesses por motivos racionais (de fins ou de valores) ou também numa *união* de interesses com idêntica motivação. A sociedade, de um modo típico, pode basear-se especialmente (mas não unicamente) em um acordo ou *pacto* racional, por manifestação recíproca.

Mas como essas definições dizem respeito a tipos puros, também Weber (1973, p. 141) percebe-as imbricadas na realidade.

> **[...] a imensa maioria das relações sociais participam *em parte* da "comunidade" e *em parte* da "sociedade". Toda relação social, mesmo aquela mais estritamente originada na persecução racional de algum fim (a clientela, por exemplo), *pode* dar lugar a valores afetivos que transcendem os simples fins almejados.** Toda *sociedade* que exceda os termos de uma mera união para um propósito determinado e que, não estando limitada previamente a certas tarefas, seja de longa duração e dê lugar a relações sociais entre as mesmas pessoas – como as *sociedades* criadas dentro de um mesmo quadro militar, numa mesma classe da escola, num mesmo escritório, numa mesma oficina – tende, em maior ou menor grau, a promover os referidos afetos. **Ao contrário, uma relação que por seu sentido normal é uma comunidade, pode estar orientada por todos ou parte de seus participantes segundo certos fins racionalmente sustentados** (grifo meu).

O hibridismo das relações sociais reais, quando comparadas aos tipos puros, pode ser uma conseqüência da própria complexidade que a sociedade adquiriu com o passar dos tempos e a instauração da ordem social moderna. A acepção que o termo comunidade assume no pensamento político pode trazer uma luz nesse sentido. Para a manutenção da sociedade, em que a ação de todos e de cada um de seus participantes se dá frente a uma mesma circunstância, uma relação individualizada com um bem qualquer, seria necessário que, cada vez mais, se formassem espaços em que a ação fosse reciprocamente referida – para usar termos de Weber (1973, p. 142).

O desenvolvimento da cidadania contemporânea tenta combinar os direitos individuais, civis, com os deveres para com o Estado, responsável pelo bem público.

> [...] combinar a "liberdade dos antigos" – participação política do homem público – com a "liberdade dos modernos" – direitos individuais do homem privado, para usar a expressão de Benjamin Constant.
>
> Mas para isso parece ser necessária a presença anterior de um elemento aglutinador: **o sentimento de comunidade**, de identidade coletiva, que seria, nos antigos, pertencer a uma cidade, e, nos modernos, pertencer a uma nação. A construção de uma cidadania plena exige um sábio equilíbrio entre os dois espaços – o público e o privado –, pois o predomínio excessivo de um pólo pode inviabilizar o outro. Em outras palavras, tratar-se-ia de buscar a integração da solidariedade familiar, existente no espaço doméstico, com as regras impessoais, racionais, das instituições públicas; enfim, levar a casa para a rua (VIEIRA, 1999, p. 216; grifo meu).

Se a cidadania é o pertencimento a um Estado, a posse pelo indivíduo de um status jurídico, ao qual estão relacionados deveres e direitos particulares (CANIVEZ, 1991, p. 15), para que ela se realize em condições de democracia é preciso que se combinem direitos e pluralismo com "[...] as idéias de espírito público e preocupação ético-política [...]" (VIEIRA, 1999, p. 221).

> A prática da cidadania depende de fato da reativação da esfera pública, onde indivíduos possam agir coletivamente e se empenhar em deliberações comuns sobre todos os assuntos que afetem

> a **comunidade política**. Em segundo lugar, a prática da cidadania é essencial para a constituição da identidade política baseada em valores de solidariedade, autonomia e reconhecimento da diferença. Cidadania participativa é também essencial para a ação política efetiva, desde que habilite cada indivíduo a ter algum impacto nas decisões que afetem o bem-estar da **comunidade**. Finalmente, a prática da cidadania democrática é crucial para a expansão da opinião política e para testar nosso julgamento. Representa, nesse sentido, elemento essencial na constituição de uma vibrante e democrática cultura política (VIEIRA, 1999, p. 221; grifo meu).

Putnam (1996, p. 132) procurou demonstrar que "[...] o principal fator que explica o bom desempenho de um governo é certamente até que ponto a vida social e política de uma região se aproxima do ideal de comunidade cívica [...]"; este seria um **capital social**[2]. Nesse caso "[...] a cidadania se caracteriza primeiramente pela participação nos negócios públicos [...]", guiada pela busca constante do "[...] bem público à custa de todo interesse puramente individual e particular [...]" (PUTNAM, 1996, p. 101). Cidadania nessa comunidade é também igualdade política, sujeitos que elegeram valores de solidariedade, confiança mútua e tolerância, e praticantes da arte da associação, como descreveu Tocqueville (1977) da experiência norte-americana que estudou.

A idéia de uma cidadania democrática está, pelos autores acima citados, fortemente associada à formação de uma comunidade, que, se analisada pelos tipos puros da Sociologia, é uma relação em que as duas formas de sociabilidade, comunidade e sociedade, poderiam ser encontradas ao mesmo tempo. Mas onde predominam vínculos de reciprocidade, principalmente porque a relação dos indivíduos com a comunidade política

2. Para uma leitura crítica desse conceito ver Reilly (1999, p. 407-409).

espera para si e para os outros o bem comum.

Dadas as condições de complexidade da sociedade moderna, não só o indivíduo se relaciona com a comunidade política, mas "[...] vive sobre a existência, a multiplicidade e a vivacidade das sociedades intermediárias [...]" (BOBBIO, 1987, p. 152). Essas poderiam reproduzir, como a imagem de um objeto em espelho côncavo ou convexo, as idéias de espírito público e as preocupações ético-políticas da comunidade política. Como se a decisão racional hipotética de abandonar o estado de natureza e fundar o Estado (BOBBIO, 1991, p. 30) se repetisse em várias esferas da sociedade para a construção de uma democracia social.

Voltando à Sociologia, e à Educação, ainda na discussão do termo comunidade, Wirth (1973, p. 82) lembra que "[...] do mesmo modo que outros conceitos derivados do uso e sentido comuns, [este] tem sido empregado com a mesma liberdade que se dispensa à poesia [...]". Johnson (1997, p. 45) também afirma, em seu *Dicionário de Sociologia*, que o termo comunidade possui vários significados sociológicos e não-sociológicos. Quando se busca o significado de comunidade em dicionário da língua portuguesa (HOLANDA, 1989, p. 444), então, ampliam-se em muito as possibilidades de emprego dessa palavra.

Essa diversidade de significados atribuíveis ao termo comunidade justifica, possivelmente, seu uso impreciso nos textos das políticas, da legislação educacional e em pesquisas na área. Sem desconsiderar o emprego ideológico da noção de comunidade, como identificaram Cunha (1995, p. 378-388) e Spósito (1988, p. 375-376), pode ser que a indefinição quanto ao que seja a comunidade, a comunidade escolar e quem deva dela participar esteja relacionada à liberdade quase poética, como comentou Wirth (1973, p. 82), permitida ao uso do conceito de comunidade.

Como falar de comunidade local em relação à escola, tendo como pressuposto o que alguns sociólogos convencionaram chamar por esse nome? Uma escola localizada no Centro da cidade de Belo Horizonte, por exemplo, recebe alunos de 230 bairros diferentes em sua clientela (COSTA et al., 1997, p. 66). Esses alunos, muitas vezes, moram em um bairro, trabalham em outro e estudam no Centro – e passam o dia circulando pela cidade. Correto, mas essa não é a realidade de todas as escolas. Entretanto, mesmo no caso daquelas que atendem alunos residentes no próprio bairro onde estão localizadas, essa população satisfaz muitas de suas necessidades em outros bairros da cidade. A idéia de que ali poderia existir uma comunidade que resolve a vida toda no bairro é muito pouco provável nos dias atuais. Ou, ainda, resta saber se as pessoas se identificam como moradoras de determinado bairro, se têm algum sentimento de pertencimento em relação à sua população. Porque um traço comum a todas as definições do conceito de comunidade é a existência de um sentimento de pertencimento, uma identidade entre os participantes dessa relação – que pode estar fundada em sentimentos ou em escolhas racionais, mas deve sempre existir e é fator de coesão do grupo.

Como falar de comunidade escolar, uma relação que se estabelece em função de educar, se coloco, por vezes, como setores externos à escola pais e alunos? Para que uma escola possa ser realmente uma comunidade não teria que incluir nessa relação todos aqueles que podem estar interessados no ou necessitados do bem que ela produz? E, para que esses se sentissem satisfeitos, não teriam de nutrir um sentimento de pertencimento em relação a essa comunidade, uma forma de sociabilidade que, como a educação, deve envolver corações e mentes? Isso porque, como disse Weber (1973, p. 141) sobre o fato de que, estando imbricadas – na realidade –, a sociedade e a comunidade mobilizam, ao mesmo tempo, valores afetivos e a persecução racional de um fim.

Que o termo comunidade já foi utilizado com um sentido ideológico – e ainda pode estar sendo usado assim em muitos casos–, tudo indica que seja verdade. Mas nada impede que ele seja ressignificado e passe a considerar que essa não é uma relação simples, homogênea, baseada em algum *a priori* – tradição, ocupação de uma mesma área, laços de consangüinidade –, porém complexa, heterogênea e passível de ser construída entre aqueles que estejam dispostos a dela participar.

O emprego da noção de comunidade referida aos moradores de uma determinada área ou a um grupo de pessoas interessadas na consecução de determinado objetivo, sem que isso implique necessariamente algum sentimento de pertencimento ou a construção de um certo tipo de relação, aparece também em políticas públicas dirigidas à conquista de outros bens sociais além da educação. É o que indicam alguns relatos das práticas bem-sucedidas em habitação, serviços públicos e gestão da cidade apresentados na Conferência Mundial das Nações Unidas sobre Assentamentos Humanos – Habitat II, realizada na Turquia em 1996 (BONDUKI, 1996a). Esses relatos foram elaborados por órgãos públicos responsáveis pelos projetos ou por técnicos envolvidos com sua implementação.

Um exemplo diferente é dado pelo Programa de Produção de Habitação em Mutirão e Autogestão, formulado e implementado em São Paulo, durante a administração de Luiza Erundina na Prefeitura da Cidade, entre os anos de 1989-1992 (BONDUKI, 1996b, p. 180-194).

> Formulado originalmente com o objetivo de construir unidades habitacionais novas, este sistema, que viabilizou a edificação

> de 11 mil casas ou apartamentos em 84 empreendimentos, desdobrou-se ainda em outros programas, concretizando 19 projetos de urbanização de favelas e 4 de recuperação de imóveis encortiçados (BONDUKI, 1996b, p. 180).

Além do sucesso alcançado em termos de produção de habitação, o relator destaca que

> [...] o processo propicia grande avanço na organização e participação popular, na conquista da cidadania, pois junto com a obra desenvolvem-se atividades comunitárias como grupos de jovens, cursos de alfabetização, oficinas culturais, recreação infantil etc. **Constroem-se não só casas, mas a comunidade** (BONDUKI, 1996b, p. 185; grifo meu).

Essa é uma frase lapidar. E poderia ser parafraseada para falar do que deve ser feito nas escolas democráticas (APPLE e BEANE, 1997) e para a sua construção. Constroem-se não só escolas, mas a comunidade. Não apenas se constroem instituições que educarão tendo em vista princípios democráticos, mas também são oferecidas oportunidades para que todos os envolvidos no processo educativo, todos que estejam interessados no tipo de educação que a escola deva ministrar, vivam segundo esses princípios e constituam meios para a consecução de um bem coletivo: a educação democrática. Escola e comunidade se constroem simultaneamente, e os meios que usam para isso são o currículo e as estruturas de decisão sobre os vários aspectos da vida escolar.

Comunidades de Ensino São "de Experiência Partilhada"

Convém, finalmente, lembrar a relação que Giddens (1991, p. 83-84) estabelece entre as noções de desencaixes e reencaixes, sendo estes a

> [...] reapropriação ou remodelação de relações sociais desencaixa-

> das de forma a comprometê-las (embora parcial ou transitoriamente) a condições locais de tempo e lugar. [...] Minhas teses gerais serão as de que todos os mecanismos de desencaixe interagem com contextos reencaixados de ação, os quais podem agir ou para sustentá-los ou para solapá-los; e de que os compromissos sem rosto estão vinculados de maneira ambiguamente análoga àqueles que exigem a presença de rosto.

Fazendo um paralelo entre essas duas noções e as de comunidade e sociedade, pode-se dizer que a sociedade seria uma relação mais propícia ao desenvolvimento de formas desencaixadas de sociabilidade, enquanto a comunidade seria o tipo de relação estimulador de reencaixes. Se a relação entre desencaixes e reencaixes é uma manifestação da reflexividade da modernidade, o entrelaçamento entre comunidade e sociedade, não apenas como tipos puros, mas como formas concretas de relações entre os homens, também poderia ser assim considerado. Wirth (1973, p. 90) já atentava para o fato de que as condições da vida no mundo moderno tendiam a afastar as relações comunitárias e societárias de sua expressão nos tipos puros e torná-las formas mais ou menos presentes em qualquer relação. No mesmo sentido alertava Weber (1973, p. 141), sobre a presença parcial de cada um desses tipos em todas as relações sociais. Ou, ainda, uma leitura mais acurada de Tönnies, como em Miranda (1996, p. 20), veria já no sociólogo alemão a indicação de que entre os conceitos e a realidade os fenômenos se manifestam de forma diferente.

Também a democracia na sociedade moderna dependeria da defesa das regras do jogo não só na comunidade política, mas nas múltiplas sociedades intermediárias em que vive o indivíduo (BOBBIO, 1987, p. 152). Relações preocupadas com a construção do bem coletivo teriam de se espalhar por todas as esferas da sociedade e ocupar os cidadãos em todas as suas atividades. Relações comunitárias deveriam estar presentes em todos os espaços que lidam com bens públicos, como parte da sua própria natureza.

Da oscilação entre rigidez e áreas de autonomia presente nas organizações modernas surgiriam as oportunidades para que relações reencaixadas, comunitárias e mais democráticas, se estabelecessem. Por essas brechas nossas relações poderiam ser **co-locadas** em algum lugar. Para a construção de uma escola democrática, por exemplo.

Recordo, neste momento, um trecho de Giddens (1991, p. 141-142), em que o autor fala dos deslocamentos produzidos pela modernidade como conjugação de proximidade e distância, que, por sua vez, criam novas oportunidades de reencaixe, por exemplo, dentro daquilo que chama de **comunidades de experiência partilhada**[3]. De posse dessa expressão, considero válida a associação entre as noções de comunidades de ensino, em Apple e Beane (1997), e a de **comunidade de experiência partilhada** de Giddens (1991). Retiro o termo globalizada, usado pelo autor inglês, para evitar dúvidas. A palavra globalizada poderia causar a impressão de que essa **comunidade de experiência partilhada** seria também uma relação deslocada, o que não é. Como as que podem ser criadas no site *Web Communities* (MICROSOFT, 2000), da Internet, em que qualquer indivíduo pode montar sua comunidade com amigos da escola ou parentes que não vê há muitos anos, trocar fotos, correspondência – e continuar sem ver seus rostos por mais tantos anos. Alguns diriam que isso também serve. Penso que como meio auxiliar sim, mas não dispenso as relações face-a-face. Nada como rever antigos amigos **com rosto**.

O sentido de globalizada, na expressão de Giddens (1991),

---

3. **Comunidades de experiência partilhada** também poderiam ser construídas através dos movimentos sociais, que criam relações **com rosto** e possibilidades de participação social daqueles que não estejam no poder (cf. GIDDENS, 1991).

é de uma relação que está referida a um ambiente maior que aquele em que foi **co-locada**. É sinal de que não se pode perder de vista os fatos que acontecem no mundo, de que nossas vidas estão constantemente influenciadas por fenômenos que acontecem muito distantes de nós. Mas nossas vidas têm um lugar. Como o texto dos PCNs reconhece,

> [...] num contexto mundial, marcado pela interdependência crescente entre os povos, pressupõe-se que é preciso aprendermos a viver juntos no planeta. Mas como fazê-lo, se não formos capazes de viver em nossas comunidades naturais de pertinência: nação, região, cidade, bairro, participando da vida em comunidade? (BRASIL, 1998, p. 15).

Comunidades de ensino não são propriamente locais, mas estão **co-locadas** em uma determinada escola pelo compartilhamento de objetivos educacionais entre seus membros. Não são locais porque não são formadas por pessoas que necessariamente habitam um mesmo bairro ou localidade, ou resolvem a vida toda na região em que está instalada a escola. Repito que não importa onde morem, de onde vêm, sua etnia, credo religioso, decidiram construir uma escola que possa **educar para a democracia** (BENEVIDES, 1996) os que dela participam. Tampouco é uma relação homogênea, porque seus participantes são **diferentes**, reconhecem e respeitam isso, mas lutam contra as desigualdades. Desmascaram qualquer tentativa de mitologia de democracia, racial ou social. Agem pautados por valores de tolerância, solidariedade, respeito mútuo.

Essa é uma comunidade que entra na escola, discute o que ensinar, a quem e como, sem distinção entre peritos ou não. Questiona o mérito dos assuntos pedagógicos, como forma de democratizar a informação – tão importante para uma confiança como o conhecimento recíproco. É uma comunidade que pode receber novos membros a todo momento, porque saberá incluí-los na discussão dos projetos da escola. Está sempre receptiva ao que acontece no mundo, porque precisa avaliar freqüentemente seu trabalho em termos da adequação da educação oferecida para a vida num mundo em constante mudança. Precisa sempre prezar as regras que estabeleceu para essa relação – já que é uma forma de sociabilidade, porque pretende oferecer oportunidades para o exercício de um modo de vida democrático. É uma comunidade que **partilha a experiência de construir uma escola democrática**. Constrói a escola e se constrói ao mesmo tempo. Essa seria a comunidade capaz de ocupar o colegiado da escola e transformá-lo num espaço vivo de discussões de todos os aspectos da vida escolar. Um colegiado que tivesse autonomia para comportar representantes de todos aqueles segmentos interessados em construir uma escola com essa fisionomia. Essa seria a comunidade capaz de ler atentamente os PCNs, confrontá-los com outras propostas curriculares e construir o projeto pedagógico mais adequado à escola além de, com isso, contribuir para a formação de uma base nacional comum para o ensino fundamental.

Essa comunidade existe? Respondo com segurança que não, ou, pelo menos, ainda não. Podemos estar nos aproximando dela em muitas escolas, e esse é um grande mérito para quem está tendo a oportunidade de viver isso. Mas deveria ser um norte, uma idéia prático-regulativa da comunidade que devemos construir para que nossas escolas sejam democráticas.

Referências Bibliográficas

AMIGOS DA ESCOLA. 2000. *Apresentação do projeto*. Disponível em: <http://www.amigosdaescola.com.br>. Acesso em: 01 mar. 2000.

APPLE, M.; BEANE, J. (orgs.). *Escolas democráticas*. São Paulo: Cortez, 1997.

BENEVIDES, M. V. M. Educação para a democracia. *Lua Nova: Revista de Cultura e Política*. São Paulo, CEDEC, nº 38, p. 223-237, 1996.

BOBBIO, N. *Estado, governo, sociedade*. 3. ed. Rio de Janeiro: Paz e Terra, 1987.

_____. *Três ensaios sobre a democracia*. São Paulo: Cardim-Alario, 1991.

BONDUKI, N. G. (Org.). *Habitat: as práticas bem-sucedidas em habitação, meio ambiente e gestão urbana nas cidades brasileiras*. São Paulo: Studio Nobel, 1996a.

BONDUKI, N. G. Habitação, mutirão e autogestão: a experiência da administração Luiza Erundina em São Paulo. In: _______ (org.). *Habitat: as práticas bem-sucedidas em habitação, meio ambiente e gestão urbana nas cidades brasileiras*. São Paulo: Studio Nobel, 1996b. p. 180-194.

BOUDON, R.; BOURRICAUD, F. *Dicionário crítico de sociologia*. São Paulo: Ática, 1993.

BRASIL. *Parâmetros Curriculares Nacionais (1ª a 4ª séries)*. Brasília: MEC/SEF, 1997. 10 volumes.

_____. *Parâmetros Curriculares Nacionais (5ª a 8ª séries)*. Brasília: MEC/SEF, 1998. 10 volumes.

HOLANDA, A. B. *Novo dicionário Aurélio da língua portuguesa*. 2. ed. rev. e ampl. Rio de Janeiro: Nova Fronteira, 1989.

CANIVEZ, P. *Educar o cidadão?* Campinas: Papirus, 1991.

COSTA, V. L. C.; MAIA, E. M.; MANDEL, L. M. (orgs.). *Gestão educacional e descentralização: novos padrões*. 2. ed. São Paulo: Cortez, FUNDAP, 1997.

CUNHA, L. A. A educação na Sociologia: um objeto rejeitado? In: MARTINS, C. B. (org.). Sociologia e educação: diálogo ou ruptura. *Caderno Cedes*. São Paulo, nº 27, p. 9-22, 1993.

_____. *Educação, estado e democracia no Brasil*. 2. ed. São Paulo: Cortez, 1995.

FREYER, H. Comunidade e sociedade como estruturas histórico-sociais. In: FERNANDES, F. (org.). *Comunidade e sociedade: leituras sobre problemas conceituais, metodológicos e de aplicação*. São Paulo: Nacional/EDUSP, 1973. p. 132-139.

FUNDAÇÃO PARA O DESENVOLVIMENTO DA EDUCAÇÃO – FDE. *Falando com a comunidade*. São Paulo: SEE-SP/FDE, 1998a.

_____. *Projeto comunidade presente*. São Paulo: SEE-SP/FINALIDADE, 1998b.

GIDDENS, A. *As conseqüências da modernidade*. São Paulo: Ed. UNESP, 1991.

HELLER, A. *Teoría de las necesidades en Marx*. 2. ed. Barcelona: Península, 1986.

IANNI, O. A sociologia e o mundo moderno. *Tempo Social: Revista de Sociologia da USP*. São Paulo, v. 1, nº 1, p. 7-27, maio 1989.

JOHNSON, A. G. *Dicionário de Sociologia: guia prático da linguagem sociológica*. Rio de Janeiro: Jorge Zahar, 1997.

MAcIVER, R. M.; PAGE, C. H.. Comunidade e sociedade como níveis de organização da vida social. In: FERNANDES, F. (org.). *Comunidade e sociedade: leituras sobre problemas conceituais, metodológicos e de aplicação*. São Paulo: Nacional/EDUSP, 1973. p. 117-131.

MICROSOFT. 2000. *Web Communities*. Disponível em: <http://communities.msn.com.br>. Acesso em: 20 fev. 2000.

MINAS GERAIS. Secretaria de Estado da Educação. Congresso Mineiro de Educação. Educação para a mudança. *Informativo Mai de Ensino do Estado de Minas Gerais*. Belo Horizonte, nº 89, p. 50-67, maio 1983a.

_____. Resolução nº 4.787, de 28 de outubro de 1983. Institui os colegiados na rede de escolas estaduais. *Informativo Mai de Ensino do Estado de Minas Gerais*. Belo Horizonte, nº 104, p. 83-85, ago. 1984.

_____. *A política educacional de Minas Gerais*: 1991-1994. Belo Horizonte: SEE-MG, 1994a.

_____. Resolução nº 6.907, de 23 de janeiro de 1992. Estabelece normas complementares para instituição e funcionamento do colegiado nas unidades estaduais de ensino. In: AGUIAR, J. M. *Ensino fundamental e médio*: manual do secretário. Belo Horizonte: Lâncer, 1994b. p. 365-367.

_____. Decreto nº 33.334, de 16 de janeiro de 1992. Dispõe sobre a instituição do colegiado nas unidades estaduais de ensino. In: AGUIAR, J. M. *Ensino fundamental e médio: manual do secretário*. Belo Horizonte, 1994c. p. 364.

_____. Resolução nº 7.943, de 23 de janeiro de 1997. Estabelece normas complementares para a constituição e o funcionamento do Colegiado nas escolas estaduais de Minas Gerais. Belo Horizonte: SEE, 1997. mimeo.

_____. *Relatório do Grupo de Trabalho para a realização de estudos e definição de princípios norteadores da Gestão Democrática da Escola na Rede Pública do Estado de Minas Gerais*. Belo Horizonte: SEE-MG, 19 de abril de 1999 (mimeo.).

MINAS GERAIS. Secretaria de Estado da Educação; BANCO MUNDIAL. *Projeto ProQualidade – Banco Mundial. Pesquisa sobre o funcionamento dos colegiados das escolas públicas estaduais*. Relatório de pesquisa. Belo Horizonte: SEE-MG, 1999 (mimeo.).

_____. Secretaria de Estado da Educação; Fundação Roberto Marinho; Federação das Indústrias do Estado de Minas Gerais (FIEMG). *Escola Legal – Caderno da Escola.* Rio de Janeiro: Fundação Roberto Marinho, 1996a.

_____. *Escola Legal – Caderno do Aluno.* Rio de Janeiro: Fundação Roberto Marinho, 1996b.

_____. *Escola Legal – Caderno da Parceria.* Rio de Janeiro: Fundação Roberto Marinho, 1996c.

MIRANDA, O. A sociabilidade na teoria de Tönnies. In: *Sociabilidades.* São Paulo: Laboratório de Análises da Sociabilidade Contemporânea – LASC, outubro de 1996, p. 19-24.

NOGUEIRA, N. A relação entre escola e comunidade na perspectiva dos Parâmetros Curriculares Nacionais. *Pátio. Revista Pedagógica.* Porto Alegre, ano 3, nº 10, p. 13-17, ago./out. 1999.

PUTNAM, R. D. *Comunidade e democracia: a experiência da Itália moderna.* Rio de Janeiro: Fundação Getúlio Vargas, 1996.

REILLY, C. A. Redistribuição de direitos e responsabilidades. In: PEREIRA, L. C. B.; GRAU, N. C. (Orgs.). *O público não-estatal na reforma do Estado.* Rio de Janeiro: Ed. FGV, 1999. p. 407-452.

SPÓSITO, M. P. *A ilusão fecunda: a luta por educação nos movimentos populares.* Tese (Doutorado em Educação), Faculdade de Educação da USP, São Paulo, 1988.

TEIXEIRA, B. B. *Por uma escola democrática: colegiado, currículo e comunidade.* Tese (Doutorado em Educação), Faculdade de Educação da USP – São Paulo, 2000.

TOCQUEVILLE, A. *A democracia na América.* 2. ed. Belo Horizonte: Itatiaia, 1977.

TÖNNIES, F. Comunidade e sociedade como entidades típico-ideais. In: FERNANDES, F. (org.). *Comunidade e sociedade: lei-*

turas sobre problemas conceituais, metodológicos e de aplicação. São Paulo: Nacional/EDUSP, 1973. p. 96-116.

VIEIRA, L. Cidadania e controle social. In: PEREIRA, L. C. B.; GRAU, N. C. (orgs.). *O público não-estatal na reforma do Estado*. Rio de Janeiro: Ed. FGV, 1999a. p. 213-256.

WEBER, M. Comunidade e sociedade como estruturas de socialização. In: FERNANDES, F. (org.). *Comunidade e sociedade: leituras sobre problemas conceituais, metodológicos e de aplicação*. São Paulo: Nacional/EDUSP, 1973. p. 140-143.

WIRTH, L. Delineamento e problemas da comunidade. In: FERNANDES, F. (org.). *Comunidade e sociedade*: *leituras sobre problemas conceituais, metodológicos e de aplicação*. São Paulo: Nacional/EDUSP, 1973. p. 82-95.

PARTE II - DIVERSIDADE E EDUCAÇÃO ESCOLAR

Os desafios da diversidade na escola*

*Neusa Maria Mendes de Gusmão***

Como pensar o Brasil e suas muitas imagens ou faces? Na tentativa de buscar alguns caminhos, lembro Cunha (1998, p. 80), afirmando que "[...] ainda são as diferenças o que move as sociedades desse planeta". Por sua vez, Tarsila do Amaral, com o magnífico quadro *Operários* e seus muitos rostos que nos olham, revela um pouco de nossa diversidade social e cultural, apontando para diferentes formas de ser, estar e se pensar como parte dessa realidade chamada Brasil.

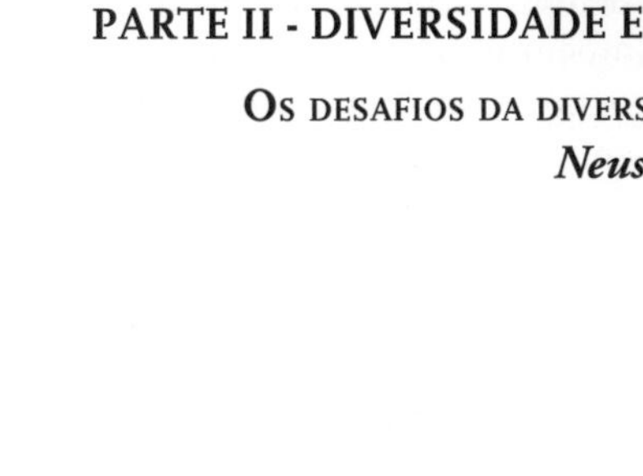

Figura 1 - 34 Operários, 1933 (Óleo sobre tela, 150 x 205 cm).

* Texto publicado em Gusmão (2000, p. 9-28).

** Professora da Faculdade de Educação da UNICAMP, Antropóloga e Pesquisadora do CNPq.

Pensar, portanto, o Brasil me leva a buscar algumas vozes. Diz Terena (1996, p. 32-33), da nação indígena Terena:

> Durante muito tempo na minha vida, eu comecei a ter vergonha de mim mesmo, de minha origem, das minhas tradições, do meu povo, até mesmo de meus pais. Mas, depois eu aprendi que sem eles, eu nunca seria nada, eu nunca seria um branco, vamos dizer assim... um branco no sentido de pessoa da cidade, porque eu nasci índio Tereno, e também morrerei um Terena. Então, com esses princípios, eu procurei trabalhar a minha formação de código indígena. Ao mesmo tempo, eu procurei mostrar pra sociedade envolvente que o fato, por exemplo, de não estar com orelha furada, de não estar usando o beiço de pau, de não estar usando cabelo comprido, não significava que eu tinha deixado de ser índio, mas sim, que as características de meu povo eram um princípio próprio de meu povo, e que não me identifica na minha pessoa aquela generalização que é ser índio, uma coisa que na verdade não existe. Então eu peço, que os educadores, eles contribuam com a formação do respeito mútuo desde as crianças. As crianças brasileiras, elas têm uma sede muito grande de conhecer o índio mas, muitas vezes os professores erram ao afirmar que os índios são selvagens ou são preguiçosos, criando um preconceito estabelecido no próprio aprendizado do professor, na formação do professor.

Figura 2 - Dinei Matos – "A Tribuna"

Por outro lado, num exercício imaginário, um professor é convidado a pensar num seu aluno negro, ou preto, como freqüentemente dizemos. Imediatamente, sem qualquer dúvida, pensa logo no Sebastião. Segundo o professor, o Sebastião é negro porque tem traços negróides acentuados: é escuro, tem cabelo "ruim", nariz chato. É negro porque também descende de escravos, embora ele, professor, não tenha disso a imediata percepção. Por outro lado, além da cor da pele e de seus traços, Sebastião é pobre e carrega consigo a imagem de pobre e tudo que vem com ela (Adaptado de SANTOS, J. R., 1989).

Figura 3 - Antônio Gaudério/Folha Imagem.

Quem são os sujeitos envolvidos nessas duas pequenas histórias?

São os considerados **outros**, ou seja, os diferentes porque índio e negro, diferentes do modelo socialmente instituído por um país que se pensa branco, de origem européia, embora, como bem mostra Tarsila, não seja essa a nossa realidade. É verdade que reconhecemos a presença do índio e do africano em nossa formação, mas quando contamos a nossa história, ficam eles esmaecidos ou ausentes, dada a magnitude do branco.

Com isso, tais histórias nos dizem muitas coisas: primeiro nos lembram aqueles que são vistos como diferentes; dizem de um contexto escolar e de educação; dizem também de aspectos próprios desse contexto, ou seja, o processo educativo e a relação professor-aluno.

No entanto, o que é dito não se reduz apenas a esses fatos. Tais histórias nos revelam aspectos mais complexos que nos envolvem. Assim, falam de como se dá o processo de formação de *imagens* no contexto social e histórico em que vivemos: o índio como selvagem ou preguiçoso; o negro como indolente e bom de samba; a mulata como sensual; a criança como pureza etc. Falam de como essas **imagens** criadas transitam por nossa mente e por nossas vidas e, nessa medida, acarretam conseqüências sobre o que é vivido por nós.

Portanto, a fala de Marcos Terena faz sentido: é necessário recuperar e ensinar às crianças o respeito mútuo entre diferentes, tanto como é preciso fazer ver ao professor as introjeções da sociedade em sua percepção de mundo e, com isso, resgatar a história de Sebastião. As duas histórias nos conduzem a reverter o pensamento, escrutiná-lo em seus elementos, para então compreender os muitos significados em jogo.

A partir de Tarsila, de Marcos e Sebastião compreendemos, ainda, a pluralidade social, cultural e étnica que envolve a realidade brasileira e a escola. Mais que tudo, suas histórias revelam a **questão do outro** como diferente.

O que é **ser diferente**?

Para Brandão (1986, p. 7), o diferente e a diferença são partes da descoberta de um sentimento que, armado pelos símbolos da cultura, nos diz que nem tudo *é o que eu sou* e nem todos *são como eu sou*. Mais que as diferenças, o que está em jogo é a imensa diversidade que nos informa é o que nos constitui como sujeitos de uma relação de alteridade.

A alteridade revela-se no fato de que o que *eu sou e o outro é* não se faz de modo linear e único, porém constitui um jogo de imagens múltiplo e diverso. Saber o que eu sou e o que o outro é depende de quem eu sou, do que acredito que sou, com quem vivo e por quê. Depende também das considerações que o outro tem sobre isso, a respeito de si mesmo, pois é nesse processo que cada um se faz *pessoa e sujeito*, membro de um grupo, de uma cultura e uma sociedade. Depende também do lugar a partir do qual nós nos olhamos. Trata-se de processos decorrentes de contextos culturais que nos formam e informam, deles resultando nossa compreensão de mundo e nossas práticas frente ao igual e ao diferente.

Um poema ensinado nas escolas americanas entre o final do século passado e o início deste século pode nos ajudar nessa discussão[1]. Diz o poema:

> Indiozinho, Sioux ou Crow,
> pequeno esquimó,
> pequeno turco ou japonês,
> Vocês não queriam ser eu?[2]

A qualidade do poema é a de indicar que nem todos são iguais – nem todos são como eu sou, comem como eu, vestem como eu, andam como eu ando e falam como eu falo. A escola ensinava, então, que havia diferenças no mundo dos homens e que nem tudo era igual.

No entanto, o mesmo verso revela também alguns pon-

1. Poema de Stevenson (apud MEAD, 1982, p. 227).
2. Recupero aqui, parte de uma discussão apresentada em meu artigo: GUSMÃO, N. M. M. Linguagem, cultura e alteridade: imagens do outro. **Cadernos de Pesquisa**, São Paulo, n. 107, julho p. 41-78, jul. 1999.

tos fundamentais da crítica antropológica sobre as formas de compreensão de si e do outro, que constituem a identidade social e cultural de um povo, de um grupo, de uma cultura ou sociedade.

Em primeiro lugar, em qualquer parte do mundo, os povos indígenas são sioux, crow, kamayurá, xokleng, guarani, avá ou outros, mas não são *índios*, categoria inventada pelos brancos para, desrespeitando as especificidades de cada grupo, colocá-los a todos, **no mesmo saco – Indiozinhos, sioux, ou crow –**, isto é, tanto faz, são *índios*, para os brancos. Desconsidera-se aí o que são de fato e o que pensam sobre si mesmos, como resultado de uma história singular de grupo que tem suas próprias marcas e porta significados, sentidos e visão de mundo únicos. Desconsidera-se aquilo que os faz serem quem são. Chamá-los de índios indistintamente é negar-lhes o que de mais interior os habita e dizem deles por aquilo que são: kamayurás, kadiweu, ticuna etc. Ou, como os *esquimós* – nome também forjado pelo branco dominador –, que reagem dizendo: "[...] não somos esquimós, somos Inuits [...] ", que quer dizer "[...] homens verdadeiros [...]". Certamente os turcos não são simplesmente turcos e tampouco se pode afirmar que exista um único modo de se ser japonês. Como, então, explicar o verso final: "[...] Vocês não queriam ser eu [...]?".

O que está em jogo é a diferença do outro e de sua identidade, que exige que se abdique daquilo que se é, para assumir a identidade do *eu* como modelo a ser imitado. O *eu* nesse caso é o branco, ocidental, cristão, medida de todas as coisas e, como tal, superior. A história dos homens é feita num jogo de imagens expressadas num espelho de muitos ângulos, em que a diversidade se mostra em seus muitos significados e, permanentemente, nos desafia, pois tem por base o fato de que a relação entre o eu e o outro é sempre conflitiva e marcada por instâncias diferenciadas de poder. Um poder de duplo semblante (cf. CLASTRES, 1982), isto é, um poder e uma submissão que impedem a eclosão de relações de liberdade entre iguais. Tem sido assim, entre os considerados diferentes – loucos, índios, negros, mulheres, crianças, deficientes e muitos outros. É assim que o diferente precisa ser feito um igual, como diz Brandão (1986, p. 8), para melhor ser dominado. A questão da identidade do **eu**, portanto, passa pelo mundo onde estou, ao qual pertenço e em que vivo, mas só é objeto de meu pensar como uma questão, um problema, quando me defronto com o outro diferente de mim e aí me pergunto: **quem sou**?

A identidade e a alteridade revelam, portanto, que o outro não é inexistente e estrangeiro, distante de nós e daquilo que constitui nosso mundo. O que a alteridade diz é que o outro existe e está no nosso mundo, como nós estamos no dele. É esse encontro que nos desafia e exige nossa definição. O eu e o outro, como nós, é parte de um contexto relacional marcado, antes de mais nada, por relações de hierarquia e poder. Como então fazer do outro um mesmo, transitar pelo seu mundo e ele pelo nosso, sem confronto, sem conflitos, sem fazer dele um igual para melhor submetê-lo? Como conviver com as diferenças e estabelecer relações solidárias e de eqüidade entre sujeitos diferentes? Esses são os desafios permanentes da educação e da escola.

Diversidade, Educação e Escola

A diversidade nos espelha como parte das relações de poder e nos envolve em todas as dimensões da vida vivida, no nosso cotidiano e até mesmo ali onde sequer suspeitamos de sua existência. Com isso, vale perceber que

> Nos planos econômico, social, político e das relações pessoais, **diferença** tem significado, em nosso país, quase sempre de **desigualdade**; ou mais exatamente: as diferenças étnicas, culturais, fenotípicas, serviram de marcas entre desiguais sociais. No plano da cultura, porém, a aplicação dessa equivalência (diferença = desigualdade), confunde os partidários da **democracia**, levando-os a postular o fim das diferenças como garantia de igualdade. Eis o que pensaria um **democrata** bem intencionado: **nossos alunos serão iguais a nós quando não forem diferentes** (SANTOS, J. R., 1989, p. 26; grifo nosso).

A questão é: será esse o caminho? Ser diferente é ser desigual? E tornar todos iguais, negando suas diferenças, não seria um ato autoritário, negador do outro e, como tal, um ato de poder?

O que esse *cartum* nos diz?

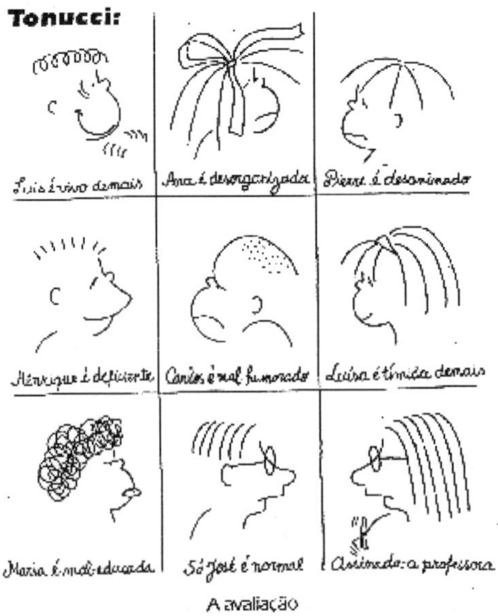

Figura 4 - Tonucci (1997).

Que, mesmo no micro-contexto da relação de poder entre professor e aluno, o problema não está na **diferença**, mas na **des-igualdade**, como diz Vargas (1989, p. 40) citando Dumont, que supõe uma igualdade de fundo, aquela que reflete a *minha imagem* no espelho, seja essa imagem a do professor ou, ainda, a daqueles que detêm o poder. O *eu* é assim aquele que só aceita os que considera iguais ou mais próximos de sua própria imagem. Portanto, "[...] não é a diferença que pertence ao domínio da desigualdade [...]", mas, ao contrário, é porque pensamos pelo domínio da semelhança e da identidade que hierarquizamos o diferente e o tratamos como desigual.

Nesse sentido, como diz Stolcke (1993, p. 28), compreendemos que "[...] igualdade e diferença [...]" não são categorias absolutas – dependem das relações em jogo para definir *o* **igual e o diferente** e assim, num processo de poder e dominação, gerar a marginalização e a exclusão.

Aqui, a questão da escola se coloca por inteiro em sua complexidade e se defronta com seu maior problema, o fracasso diante da diversidade que nos constitui. Nessa medida, entra em debate o que se entende por *cultura* e como ela é pensada e compreendida no interior de projetos educativos e na prática cotidiana.

Antes de mais nada, a cultura no interior de uma realidade humana é sempre dinâmica, não é fechada ou cristalizada como um patrimônio de raízes fixas e permanentes. A cultura possui fronteiras móveis e em constante expansão. Tampouco é conjugada no singular, já que é plural, marcada por intensas trocas e muitas contradições nas relações entre grupos culturais diversos e mesmo no interior de um mesmo grupo. Por esse motivo, "[...] não é possível reduzir nem os grupos, nem os indivíduos à sua cultura [...]", como diz Augé (1998, p. 115). Do mesmo modo, não se pode afirmar existir uma essência própria desta ou daquela cultura, já que "[...] são as sociedades que decretam a cultura, e não são as culturas que formam as sociedades [...]" (CUNHA, 1998, p. 88).

O desafio da escola e dos projetos educativos que orientam nossa prática está no fato de que, para compreender a cultura de um grupo ou de um indivíduo que dela faz parte, é necessário olhar a sociedade onde o grupo ou o indivíduo estão e vivem. É aqui que as diferenças ganham sentido e expressão como realidade e definem o papel da alteridade nas relações sociais entre os homens.

Primeiramente fazemos parte de uma sociedade de classes em que as relações sociais entre sujeitos são relações de hierarquia e poder, que se sustentam em classificações dadas *a priori* e "naturalizadas" como próprias deste ou daquele grupo – Sebastião é negro porque tem nariz chato e cabelo "ruim"/os índios são selvagens ou preguiçosos. O pedido de Marcos Terena aos professores se justifica, pois a escola tem sido o veículo de projeção de padrões e modelos que impedem o verdadeiro conhecimento, privilegiando um conhecimento dado e assimilado pela ordem institucional, nem sempre percebido pelos agentes sociais que conduzem o processo educativo. É assim que muitas vezes a dificuldade de aprender é explicada pelo fato de se ser "[...] paraibano, nordestino, favelado, vesgo, canhoto, filho de prostituta [...]" (SANTOS, E., 1989, p. 73).

Educar é, então, um desafio, considerando que se processa no interior de um embate entre

> [...] interesses, dominação, exploração revelando a existência do poder e seu exercício sobre os indivíduos, grupos ou sociedades tidos como diferentes. Educar tem sido o meio pelo qual o diferente deve ser transformado em igual para que se possa

> submeter, dominar e explorar em nome de um modelo cultural que se acredita natural, universal e humano [...] (GUSMÃO, 1999, p. 43).

No campo de força que envolve as relações da escola frente aos diferentes e frente à diferença cultural própria da sociedade brasileira, Santos, J. R. (1989) afirma existir uma imensa ingenuidade. Para ele, é ingênuo pensar em **salvar** o ensino a partir de uma falsa noção de igualdade que desconsidera e faz tábula rasa das diferenças.

Exemplar é a reação de professores e dirigentes de escola quando indagados sobre as diferenças do alunado. É freqüente se ouvir que naquela escola **todos são iguais** e que aos olhos do educador não há diferença. No entanto, todos sabemos que essa igualdade não é real. Os alunos que ali estão têm as mais diferentes origens, são portadores de diferentes histórias de vida, as quais informam seu modo de ser e suas possibilidades de aprender. Por que, então, os dizemos iguais? Porque todos são vistos a partir do lugar que ocupam no interior da escola. Ali eles são *alunos*, categoria geral e abstrata que, tal como a categoria índio, coloca a todos **no mesmo saco** e nega as diferenças que os tornam, cada um, sujeitos **socioculturais**. Diante da pergunta sobre quem são os jovens e o que vão buscar na escola, Dayrell (1996, p. 139) afirma que:

> Para grande parte dos professores, perguntas como estas não fazem muito sentido, pois a resposta é óbvia: são alunos. E é essa categoria que vai informar seu olhar e as relações que mantêm com os jovens, a compreensão de suas atitudes e expectativas. Assim, independente do sexo, idade, da origem social, das expectativas vivenciadas, todos são considerados igualmente alunos, procuram a escola com as mesmas expectativas e necessidades. [...] A homogeneização dos sujeitos como alunos corresponde à homogeneização da instituição escolar, compreendida como universal.

Por outro lado, diz Santos, J. R. (1989, p. 29), é ingenuidade também pensar em salvar o ensino pura e simplesmente pelo reconhecimento das diferenças culturais. Fazê-lo é reificar a cultura, como se as diferenças pudessem ser contidas e explicadas por si mesmas, por uma essência própria, que afirma que cada um é um, que se é assim por **causa da cultura**.

O Processo Educativo entre o Ensinar e o Aprender

Nem a igualdade absoluta, nem a diferença relativa são efetivamente adequadas para compreender e solucionar o problema da diversidade social e cultural. Nisso residem o paradoxo e o desafio de nossas práticas e propostas educativas. Nelas o que está em jogo, mais que as diferenças e a imensa diversidade que nos informa, é a alteridade – espaço permanente de enfrentamento, tensão e complementaridade. Nessa medida, a escola, mais que um espaço de socialização, torna-se um espaço de sociabilidades, ou seja, um espaço de encontros e desencontros, de buscas e de perdas, de descobertas e de encobrimentos, de vida e de negação da vida. A escola por essa perspectiva é, antes de mais nada, um espaço sociocultural.

> Analisar a escola como espaço sociocultural significa compreendê-la na ótica da cultura, sob um olhar mais denso, que leva em conta a dimensão do dinamismo, do fazer cotidiano, levado a efeito por homens e mulheres, trabalhadores e trabalhadoras, negros e brancos, adultos e adolescentes, enfim, alunos e professores, seres humanos concretos, sujeitos sociais e históricos, presentes na história, atores da história. Falar da escola como espaço sociocultural implica em resgatar o papel dos sujeitos na trama social que a constitui enquanto instituição [...] A escola como espaço sociocultural é entendida, portanto, como um espaço social próprio, ordenado em dupla dimensão. Institucionalmente, por um conjunto de normas e de regras, que buscam

> unificar e delimitar a ação de seus sujeitos. Cotidianamente, por uma complexa trama de relações sociais entre sujeitos envolvidos, que incluem alianças e conflitos, imposições de normas e estratégias individuais ou coletivas, de transgressão e de acordos. Um processo de apropriação constante dos espaços, das normas, das práticas e dos saberes que dão forma à vida escolar. Fruto da ação recíproca entre o sujeito e a instituição, esse processo, como tal, é heterogêneo (DAYRELL, 1996, p. 136-137).

A heterogeneidade, porém, encontra-se institucionalmente negada, como negada está a condição sociocultural dos alunos, na medida em que a escola pratica o ensino e nega a aprendizagem. Isto é, a escola organiza os processos de compreensão da realidade como universal e única, tomando por base um saber formal e abstrato distanciado do aluno, de sua vida e experiência. O saber que se ensina é, então, redutor de culturas que informam as realidades vividas dos sujeitos e desloca suas vidas das problemáticas imediatas que as envolvem, acreditando que o aluno é uma tábula rasa sobre a qual deve-se inscrever o conhecimento tido como real e legítimo. Assim, *a escola representa um saber positivista perante um saber cultural* (ITURRA, 1990, p. 55).

É aqui que a pluralidade cultural de grupos étnicos, sociais ou culturais necessita ser pensada como matéria-prima da aprendizagem, porém nunca como conteúdo de dias especiais, datas comemorativas ou momentos determinados em sala de aula. Fazer isso é **congelar** a cultura, reificá-la, transformá-la em recurso de folclorização, e como tal acentuar as diferenças. Nesse processo, rompe-se a possibilidade de comunicação e de aprendizagem para reforçar os mecanismos discriminatórios e a desigualdade, instaurando a impossibilidade da troca e dos processos de eqüidade entre sujeitos diferentes. É preciso compreender que o "[...] ensino é repetir, criando uma subordinação; a aprendizagem é descobrir, criando uma relação de comunicação [...]" (ITURRA, 1990, p. 31).

Para Santos, E. (1989, p. 28), a questão está no fato de haver um mecanismo que separa a educação do ensino, e nisso reside a esquizofrenia da escola brasileira. Diz ele:

> Educação seria tudo o que se transmite, de **qualquer maneira**, formal ou informalmente, todo o tempo, aos menos experientes, sem objetivos específicos. Ensino seria uma particularização da educação, através de **determinada maneira** (isto é, utilizando a escola), formal ou informalmente, num tempo exclusivo, com o objetivo específico de treinar uma competência particular. Pois bem: é evidente que não se pode colocar as pessoas que educam no lugar das que ensinam. Estamos condenados a lamentar essa contradição para sempre?

Os que ensinam preocupam-se em, utilizando a escola e sua organização num dado tempo, treinar seus alunos para competências específicas: somar, dividir, contar, ler, escrever... Imaginam ser esse o caminho legítimo de, tomando seus alunos como iguais, instaurar um processo democrático, já que todos aprendem as mesmas coisas, têm acesso às mesmas informações, ainda que possam ser portadores de outras informações aí não consideradas. Para esse professor, a diversidade do social, tão difícil de ser tratada, fonte de tantos desencontros, seria finalmente erradicada e as trajetórias diferenciadas de seus alunos resultariam de competências individuais que independem dele próprio como professor. Além de um engano, tal postura é um equívoco e resulta em uma prática autoritária, constituindo um olhar que não vê o outro que aí está, pois o vê de cima e distante.

O desafio que permanece é, então, compreender a educação como processo de aprendizagem, baseado na comunicação e na troca permanente entre diferentes. Como fazê-lo, se, como dizem Moysés e Collares (apud QUINTEIRO, 2000, p. 31), é

Figura 5 - TONUCCI (1997) A criança: aquela que é sempre vista de cima.

> [...] comum no discurso dos professores o argumento de que as crianças não aprendem porque são pobres, sujas, desnutridas, imaturas, negras, nordestinas, não aprendem porque seus pais são analfabetos, alcoólatras e as mães trabalham fora?

Para Sarmento e Pinto (1997, p. 26), é preciso que o "[...] adulto não projete o seu olhar sobre as crianças, colhendo junto delas apenas aquilo que é reflexo conjunto dos seus próprios preconceitos e representações [...]".

Nesse sentido, à guisa de reflexão, alguns exemplos de como o aluno da Rede Pública de Ensino do Rio de Janeiro é visto por alguns de seus professores são significativos. De acordo com Quinteiro (2000, p. 166), dizem eles,

- Esse garoto é uma praga mesmo, é uma dessas criaturas que Deus produziu num dia que estava puto. Só podia ser da turma da família Adams.
- não prestam para nada, são faltosos, graças a Deus fazem revezamento. Aquelas alunas são uns estrupícios, morreram e se esqueceram de deitar.
- turma antipática, nunca estão dispostos a nada. [...] Eles

não existem para mim. Às vezes eu me pergunto se morri, desencarnei e vim parar no inferno dessa turma.

- o aluno é um ser mutante. Acho-os feios, assustadores, não conseguem entender nada.
- tem um menino na minha sala que vive rindo e eu pergunto para ele: que caboclo você está recebendo? E ele continua rindo, parece um orangotango.

A pergunta é: qual o preparo desses professores para estabelecer um processo de aprendizagem baseado na comunicação e na troca? Como, no cotidiano, superar a discriminação e a exclusão social presentes no contexto social e intensamente reproduzido na escola?

Do Aprender a Aprender: aprendizagem e diferença

O caráter ideológico das representações sobre a criança, alunos do ensino fundamental, tanto quanto uma concepção idílica e idealista da criança, segundo Quinteiro (2000, p. 91), influencia e caracteriza a prática pedagógica. Para a autora, isso exige romper com a cultura oficial, mudar a mentalidade em direção a uma consciência de classe para que a professora/o professor possa compreender-se como ser social, para que supere o senso comum e concomitantemente altere tanto as suas relações de trabalho quanto as condições objetivas da prática educativa. Mas, para isso, é preciso saber ouvir e se dispor a ouvir o que seu aluno tem a dizer a respeito de si mesmo e do outro que com ele partilha a vida, partilha o dia-a-dia, incluindo o próprio professor. Porém isso não é nada simples, daí a surpresa do aluno das Classes de Aceleração Paulista ao descobrir que seu professor o ouve. Diz ele: "Minha professora é diferente: ela me escuta, não me ignora, trata todo mundo igual, não trata melhor do que outro" (QUINTEIRO 2000, p. 22).

Na tentativa de ouvir as vozes do outro, as falas que se seguem, são falas de crianças e jovens que chegam à escola pública, portando "marcas sociais" inscritas no corpo, postura, linguagem percepção de mundo e de realidade e que, de acordo com elas, "ressignificam o mundo escolar através dessas relações, trazendo assim, para dentro dos muros da instituição, aquilo que constantemente lhes é negado: suas histórias, sua cultura e seus mundos" (DAYRELL 1996, p. 138).

O que dizem e como pensam os alunos das escolas públicas do Rio de Janeiro? Quinteiro (2000, p. 171) ressalta:

- de longe a escola parece um presídio;
- (gostaria) de jogar uma bomba e explodir tudo;
- completava todos os tempos vagos com diversas coisas, até lazer para os alunos porque a gente não tem isso na escola;
- pintava a escola, ajeitava as janelas e fazia uma quadra de esportes;
- a cor é deprimente, é sinistra;
- muita gente discrimina a gente que estuda em escola pública, dizem que a particular é melhor, que dá mais atenção a eles (alunos), que não tem nada destruído e eles vêem isso e falam até mal da escola.

Por sua vez, os alunos das Classes de Aceleração Paulista dizem que gostam da escola porque:

- tem jogos, brincadeiras, vídeo, biblioteca, mapas, globo, cartazes;
- o aluno pode levantar e conversar;
- antes (na escola comum) só escrevia, a outra professora não ensinava;
- nunca tive uma professora tão legal! Se eu erro, ela me ensina (QUINTEIRO, 2000, p. 176-177).

O que se vê é que a criança ou o jovem na condição de aluno sabe e percebe o que o rodeia, sabe também o que quer para si e por quê. No entanto, o processo de ensino não estabelece um diálogo entre o conhecimento ensinado e a cultura de origem dos alunos, deixando de considerar as diferenças de sexo, idade, origem social e outras, para pensá-los homogeneamente, como se, como alunos, aí estejam somente para aprender conteúdos para fazer provas e passar de ano.

O olhar do professor vê os alunos apenas "[...] como seres de cognição e, mesmo assim, de forma equivocada: sua maior ou menor capacidade de aprender conteúdos e comportamentos; sua maior ou menor disciplina [...]" (DAYRELL, 1996, p. 155). Como, de resto, já nos mostrou o *cartum* de Tonucci sobre a avaliação.

Os problemas pedagógicos postos pelas diferenças apontam, portanto, para uma dupla face: a das referências culturais múltiplas e a do *status* socioeconômico de crianças e jovens que chegam à escola pública com sede de conhecer e que com ela se decepcionam, tornando-se candidatos potenciais ao insucesso escolar.

Diante dos problemas aqui levantados e de muitos outros que o cotidiano escolar nos revela, há hoje, no mundo como um todo e na escola em particular, uma preocupação em estabelecer uma educação voltada para o respeito pela diversidade. O que se busca é a tolerância social e política para uma ordem social potencialmente explosiva e violenta, dentro e fora da escola.

Nesse contexto, a escola tem de e deve assumir um papel de agente transformador, promovendo o conhecimento mútuo entre diferentes, formando professores e quadros teóricos, entre muitos outros pontos. Emergem dessa perspectiva diferentes propostas educativas baseadas em princípios democráticos e legítimos. A questão será, então, como efetivá-las na prática, se tudo que foi dito aponta para a diversidade social e cultural de todos os envolvidos – dos professores e alunos aos quadros administrativos e dirigentes, do processo educativo, na escola e fora dela? Como fazê-lo, se todos e cada um atribuem uma multiplicidade de sentidos para o que é a escola e a significam de maneiras diversas, dependendo, como diz Dayrell (1996, p. 144), da cultura, dos projetos e dos anseios de cada um? Como saber escutar a criança e o jovem e receber deles a verdade daquilo que nos dizem?

A diversidade social e cultural, a pluralidade étnica e racial são hoje o desafio daqueles que não querem ser apenas pessoas que ensinam, mas querem também educar. Nessa busca, pautam-se por princípios mais amplos e conseqüentes e tentam apoiar-se nas leis que regulam e orientam o processo educativo, entre elas a Lei de Diretrizes e Bases da Educação Nacional (LDB) e os Parâmetros Curriculares Nacionais (PCNs). Em que medida são eles suficientes e capazes de "iluminar" a prática pedagógica e instituir um processo real de aprendizagem? O que fazer diante das diferenças culturais, étnicas e de classe? Basta atribuir ao professor uma autonomia frente à realidade de seus alunos? Como vencer as dificuldades de um sistema educativo que se pauta em conteúdos escolares postos por uma cultura nacional e universal? Como definir o papel dos professores e dos alunos por meio de um conhecimento geral, abstrato e universal? Esse conhecimento também é parte da formação do professor e que o desafia a compreender-se a si mesmo, entre o que acredita ser correto e o que experimenta na relação com seus alunos. Como, diante disso tudo, pensar a questão da tolerância e do direito de cidadania para todos?

Os problemas persistem e não têm respostas absolutas. Resta-nos refletir sobre o outro e pensá-lo como algo que nos inquieta e nos surpreende, como diz Larrosa (1998, p. 69), mas é preciso deixar-se surpreender e querer ser surpreendido. Nessa medida, o aluno diante do professor não é somente *aluno*, é também o enigma que nos desafia e desafia nosso conhecimento.

Assume-se, assim, que não sabemos tudo, que não detemos todo o conhecimento disponível sobre a realidade e as coisas. Por esse caminho, desloca-se o olhar e sua centralidade, para descobrir a alteridade e compreender o que cada um tem a dizer sobre si mesmo. Isso exige uma abertura para pensar o que somos e o que não somos, reconhecer o mundo do outro no nosso mundo, a vida do outro como parte da nossa vida e estabelecer pontes, abrir portas, para que o trânsito no espaço comum seja solidário e democrático. Vale dizer, sem transformar o outro num igual sem face, mas admitir sua igualdade – de direitos, de cidadania ou o que mais seja –, preservando-lhe a diferença.

A imagem feita por uma criança africana em Portugal se coloca aqui como reflexo dos desejos dos homens a respeito de uma sociedade mais justa.

Figura 6 - Trabalhos de alunos. **Fonte**: (COTRIM, 1997, p. 46).

Entre desejos, sonhos, princípios legais e políticas educativas, a diversidade social e cultural desafia nossas práticas e nossos valores e nos coloca diante de nosso enigma maior: a diferença do outro, a semelhança do mesmo.

Referências Bibliográficas

AUGÉ, M. *Não-lugares: introdução a uma antropologia da sobremodernidade.* Lisboa: Bertrand, 1998.

BRANDÃO, C. R. O outro, esse desconhecido. In: _______. *Identidade e etnia.* São Paulo: Brasiliense, 1986.

CLASTRES, P. *Arqueologia da violência.* São Paulo: Brasiliense, 1982.

COTRIM, Ana Maria (coord.) *Educação intercultural*: relatos de experiências, n. 6. Secretariado Coordenador dos Programas de Educação Multicultural – Entreculturas. Lisboa, 1997

CUNHA, M. C. Saberes locais, tramas identitárias e o sistema mundial na antropologia de Manuela Carneiro da Cunha. Entrevista a Kiko Ferrite. *Sexta Feira - antropologia, artes e humanidades.* São Paulo, 3 out. 1998.

DAYRELL, J. A escola como espaço sócio-cultural. In: _______ (org.). ***Múltiplos olhares sobre educação e cultura.*** Belo Horizonte: UFMG, 1996.

DUARTE, Maria Candida et al. "O Currículo na Escola da Biquinha". In: COTRIM, Ana Maria (coord).*Educação Intercultural: relatos de experiência n° 6.* Lisboa: SCOPREM-Ministério da Educação, 1997, p. 46.

GUSMÃO, N. M. M. Desafio da diversidade na escola. *Revista Mediações.* Londrina, v. 5, n° 2, pp. 9-28, jul./dez. 2000.

_______. Linguagem, cultura e alteridade: imagens do outro. *Cadernos de Pesquisa.* São Paulo, n 107, jul., pp. 41-78, jul. 1999.

ITURRA, R. *Fugirás à escola para trabalhar a terra: ensaios de Antropologia Social sobre o insucesso escolar.* Lisboa: Escher, 1990.

LARROSA, J. O enigma da infância ou o que vai do impossível ao verdadeiro. In: LARROSA, J.; LARA, N. P. (orgs.). *Imagens do outro.* Petrópolis: Vozes, 1998.

MEAD, M. In: MEAD, M; METRAUX, R. ***Aspectos do presente.*** Rio de Jankjiuueiro: F. Alves, 1982.

QUINTEIRO, J. *Infância e escola: uma relação marcada por preconceitos.* 2000. Tese (Doutorado) - FE./UNICAMP, Campinas.

SANTOS, E. Quanto vale uma criança negra: debate. In: SANTOS, J. R.; VARGAS, E. V. (orgs.). Literatura e Criança. In: I ENCONTRO LOCAL DO PROGRAMA QUANTO VALE UMA CRIANÇA NEGRA. *Anais...* 1989. Rio de Janeiro: ISER – Instituto de Estudos da Religião, 1989.

SANTOS, J. R. Quanto vale uma criança negra. Idéias em debate. In: SANTOS, J. R.; VARGAS, E. V. (orgs.). Literatura e criança. In: I ENCONTRO LOCAL DO PROGRAMA QUANTO VALE UMA CRIANÇA NEGRA. *Anais...*, 1989. Rio de Janeiro: ISER – Instituto de Estudos da Religião, 1989.

SARMENTO, M. J.; PINTO, M. (coord.). *As crianças: contextos e identidades.* [s.l.]: Centro de Estudos da Criança. Universidade do Minho, Portugal, 1997.

STOLCKE, V. Cultura européia: uma nova retórica de exclusão? *Revista Brasileira de Ciências Sociais.* São Paulo, n° 22, jun. 1993.

TERENA, M. Identidade Terena em contextos pluriculturais. In: LUZ, N. C. P. (org.). *Pluralidade cultural e educação.* Salvador: Secretaria da Educação – SECNEB, 1996.

TONUCCI, F. *Com olhos de criança.* Porto Alegre: Artes Médicas, 1997.

VARGAS, E. V. Devir e diferença: considerações micropolíticas a respeito dos modos de expressão semiótica das crianças. In: SANTOS, J. R.; VARGAS, E. V. (orgs.). Literatura e criança. In: I ENCONTRO LOCAL DO PROGRAMA QUANTO VALE UMA CRIANÇA NEGRA. 1989. *Anais...* Rio de Janeiro: ISER – Instituto de Estudos da Religião, 1989.

Diversidade sociocultural na escola e a dialética da exclusão/inclusão

*Maria Regina Clivati Capelo**

Introdução

Diversidade, pluriculturalidade, multiculturalidade, entre outras designações similares, ressaltam as diferenças ou características singulares que os grupos sociais possuem quando comparados entre si. A diversidade e os adjetivos conseqüentes supõem o seu contrário – a monoculturalidade –, que, por sua vez, supõe processos de disputa entre culturas diferentes, pois a predominância de uma, implica que as demais sejam apagadas ou silenciadas.

Do ponto de vista etimológico a palavra cultura pode significar o mesmo que conhecimento compartilhado, modos de viver, instrumento mediador (entre seres humanos e o meio ambiente), sistema de participação, sistema de valores e de criações de um povo ou de grupos sociais. Trata-se de um "[...] sistema organizado de símbolos significantes [...]" (apud RIBEI-

* Professora do Departamento de Ciências Sociais – Universidade Estadual de Londrina.

RO, 1995, p. 428)[1] que dirige o comportamento humano e é compartilhado pelos membros de uma dada sociedade ou grupo social, por isso refere-se à capacidade – e necessidade – que os seres humanos têm de aprender e de simbolizar suas relações, de constituir as identidades. Partindo desse conceito, pode-se dizer que os grupos sociais constituem muitas formas de simbolizar, de modo que faz sentido falar em muitas e diferentes culturas.

Por que atualmente se fala em diversidade? Numa sociedade de liberalismo globalizado, como conciliar a antinomia entre o direito universal à igualdade e o respeito às diversidades culturais. Qual o papel que se espera da escola?

Analisar a diversidade sócio-étnico-cultural na sociedade e na escola significa entender, em primeiro plano, que na situação de classe agregam-se outras condições tais como: pertencimento étnico, diferenças etárias, de gênero, geográficas, religiosas, de visões de mundo, projetos individuais, desejos, valores, experiências vividas e ressignificadas etc. As diferenças culturais encontram-se agregadas à condição de classe social, portanto não se trata de categorias que se opõem nem de categorias que possam ser substituídas uma pela outra. Existem situações entendidas como culturais que são usadas para manter certos segmentos sociais na exclusão.

Portanto, classe social, origem étnica e situação cultural fazem parte de uma totalidade, na qual as diferenças são transformadas em desigualdades, mas não aparecem como tal. Assim sendo, abordar a questão da diversidade cultural e sua relação com a educação escolar tem o sentido de identificar a presença ou ausência de mecanismos exclusores no interior do aparato escolar, escamoteados por meio de processos ou discursos que se dizem includentes.

---

1. Trata-se de conceito formulado por Geertz.

Escola-Nação: um Todo Indiferenciado?

Uma análise crítica da escola pública nos mostra que ela nasceu para exercer o controle social dos segmentos populares que precisavam adaptar-se às condições e exigências da vida na cidade. Assim sendo, do ponto de vista histórico, pode-se dizer que a emergência da escola pública decorre mais diretamente dos interesses da burguesia em ascensão e do Estado Nacional do que propriamente das necessidades das classes populares.

A constituição da nação, do Estado Nacional, implicou amplos processos de diluição das diferenças, para que fosse possível concretizar a idéia de um conjunto indiferenciado de pessoas, ao menos aparentemente. Nesse sentido, o conceito de nação é um enorme apagamento de tudo o que é intersubjetivo, local e humano. As narrativas **nacionais** são excludentes, pois a suposta **nacionalidade** neutraliza diferenças e desigualdades, implica homogeneidade e instaura a modernidade que conduz ao mito da **massa**. Esse projeto supõe a existência de aparatos mediadores que apressam a concretização de subjetividades eivadas do **nacional**.

Do ponto de vista histórico, a escola pública se pôs como uma dessas mediações capazes de contribuir no processo constitutivo de subjetividades **nacionais**, apagando ou ocultando diferenças e desigualdades sociais por meio de controle e regulação dos saberes, fazeres, comportamentos, concepções e especificidades culturais dos diferentes segmentos sociais, particularmente dos despossuídos do meio rural. No contexto do século XVIII, eles eram vistos como os **brutos** que precisavam passar por um banho de civilização e disciplina, a fim de que adaptassem suas concepções e condutas àquelas exigidas na cidade, espaço privilegiado da sociedade nacional, moderna e industrial. Como uma instituição etnocêntrica fundada a partir da hegemonia branca e européia, a escola pública burguesa tratava de homogeneizar os diferentes, ignorando pertencimentos étnicos e desqualificando os seus saberes e fazeres sociais.

Nesse sentido, modernidade e civilização se opõem ao arcaico e rural pois, de acordo com Latouche (1996, p. 51),

> A civilização aparece então como projeto nascido nas cidades. *A civilização é urbana (civil, cívica, burguesa, civilizada) e o mesmo se pode dizer, naturalmente, da urbanidade: da mesma maneira que polidez, política, polícia vêm de pólis – sempre a cidade.* O projeto *civilização* nascido fora das raízes da terra, é o da modernidade. Ele é universalista; seus valores são a ciência, a técnica, o progresso.

A passagem de um estado considerado arcaico e até certo ponto selvagem (porque fundado no trabalho rural) para o estágio civilizado (porque fundado na cidade, *locus* da modernidade) supunha a produção de uma igualdade formal, propalada pela sociedade liberal/burguesa. Essa perspectiva requeria o apagamento de culturas diferentes que não se coadunavam com o projeto de hegemonia branca e **nacional**. No contexto da economia colonial brasileira, o **nacional/brasileiro** poderia ser representado pelos nativos/índios, entretanto a hegemonia era européia.

A escola jesuítica emerge no Brasil com o objetivo de apagar as culturas dos **outros**, integrando os índios de modo subalterno na sociedade que se constituía. Ainda assim, era um projeto educativo e escolar que se dizia includente. Sua natureza, no entanto, era excludente, pois tinha como pressuposto a concepção de mundo cristã, européia e branca, de modo que se tratava de eliminar todas as concepções diferentes e divergentes em relação àquela que se punha como hegemônica. Conforme se vê, quando se fala em culturas, estamos nos reportando fundamentalmente à questão da identidade social.

Em situação de reterritorialização, a origem étnica é um

dos diferenciais de grupos e seres humanos que é posto em estado de latência quando se vive um projeto de construção da identidade nacional. Nesse caso, persiste a memória, pois etnia designa o grupo **biológico e cultural homogêneo**, mas o substantivo que lhe é correspondente – etnicidade – possui um caráter dinâmico, suscetível de redefinições, por isso mesmo é relacional. Definida como uma propriedade ligada aos grupos, é constantemente criada e recriada a partir das circunstâncias em que se vive, por isso as identidades são nômades, migrantes, utilizáveis à medida que delas se necessita – são situacionais.

Contudo, na escola, quando em algum momento se fala em identidade, parece existir uma identidade cultural fixa – nacional – que subsume todas as especificidades e diversidades culturais. Assim, a ideologia do nacional pode servir como exemplo da construção de um padrão social homogeneizado que implica a diluição das diferenças étnicas originárias. Do ponto de vista sociocultural, essa homogeneização passou a ser uma tarefa privilegiada da escola, como instituição que materializa parte das políticas públicas.

As políticas públicas e as políticas educacionais, bem como a seleção dos conteúdos, as práticas pedagógicas e a lógica da escolarização, orientam-se por princípios monoculturais que são aplicados a sujeitos sociais despregados de suas bases reais. Esses processos internos se dizem includentes mediante a justificativa de que são elaborados por especialistas. No entanto, não se pergunta quem são os especialistas que decidem sobre os conhecimentos e nem mesmo sobre a origem dos conhecimentos que se tornam obrigatórios na educação nacional. Geralmente se pressupõe que são saberes universais de que todos precisam apropriar-se. Como não há neutralidade, esses mecanismos reproduzem o etnocentrismo branco, ocidental e cristão que predomina na sociedade envolvente. As decisões políticas são tomadas por cima dos sujeitos sociais e para além das especificidades culturais e históricas dos grupos que usam as escolas ou delas necessitam. Desse modo, contribuem para escamotear os processos internos de exclusão dos outros sujeitos sociais que diferem do homem branco, europeu e cristão.

A construção da unidade nacional brasileira imprimiu uma centralidade à escola e à sua ciência racional e moderna. Essa ciência racional e moderna resolveria o problema da heterogeneidade social, homogeneizando os diferentes. Mas, se isso não fosse possível, que ao menos ficasse garantida a invisibilidade dos outros por meio de processos de apagamento social. Ainda que as escolas sejam instituições históricas, quando consideradas quanto à gênese e quanto à essência, prendem-se à modernidade, cujos valores são a ciência, a técnica e o progresso. Esse projeto de modernidade caracteriza a própria natureza das instituições escolares burguesas.

Segundo Latouche (1996, p. 51), é essa característica que desorganiza as culturas e substitui as relações sociais tradicionais pelas leis do mercado. Mesmo que se considere a escola como um

> [...] campo de lutas e contestações, [...] permanece ativamente envolvida em formas de regulação social e moral, e normalmente tende a noções fixas de identidade cultural e nacional. Por seu envolvimento com uma noção de identidade nacional caracterizada com uma cultura tradicional, ocidental, a escola tem ignorado *as múltiplas narrativas, histórias e vozes de grupos cultural e politicamente subordinados* (KREUTZ, 1998, p. 3).

Assim aconteceu na educação jesuítica quando todas as propostas políticas de **integração e assimilação** (periférica e subalterna) dos índios[2], caboclos e negros atenderam ao pro-

2. Antes de mais nada é preciso ressaltar, concordando com Gusmão (1999, p. 44), que índio é uma construção branca pois "[...] os povos indígenas são sioux, crow,

pósito de eliminar as diferenças reunindo pessoas de origens e situações culturais variadas numa massa identitária pretensamente comum.

A perspectiva integracionista e assimilacionista, de fato, tornou-se excludente e fez da escola o local privilegiado para a disseminação dessa proposta, a começar pela desqualificação dos modos de vida que diferiam do modelo branco e ocidental, passando pela eliminação dos suportes da memória social dos nativos e pela destruição de suas formas de socialização, chegando até a naturalização da sociedade de classes[3].

Na modernidade capitalista, as diferenças étnicas, religiosas, sexuais, etárias, de valores etc. foram minimizadas para que a concepção de mundo etnocêntrica (branca, ocidental, cristã e masculina) se fizesse hegemônica. Então, o tema da diversidade

kamayurá, xokleng, guarani, avá e outros, mas não são índios, categoria inventada pelos brancos para, desrespeitando a especificidade de cada grupo, colocá-los todos *no mesmo saco*. [...] Desconsidera-se aí o que são de fato e o que pensam sobre si mesmos como componentes de uma história singular de grupo que tem suas próprias marcas, portadoras de significados, sentidos e visão de mundo, únicos porque só seus. Chamá-los de índios indistintamente é negar-lhes o que de mais interior os habita e que dizem deles por aquilo que são: Kamayurá, Ticuna, Xavantes etc.".

3. Inúmeros são os exemplos que ilustram mas, para não ser reiterativa, optei por um mais próximo. Na região onde Londrina está localizada (norte do Estado do Paraná), ainda nos séculos XVIII e XIX, os jesuítas trataram de concretizar, por meio da construção de escola e igrejas, **a conquista espiritual das almas** civilizando os selvagens que habitavam as margens do rio Tibagi. E, nas primeiras décadas de 1900, nos aldeamentos de São Jerônimo e São Pedro Alcântara, a educação catequética, realizada sob a orientação dos padres capuchinhos, reproduziu a mesma concepção eurocêntrica de educação indígena. Consta nos registros escolares que até mesmo os nomes das crianças indígenas eram substituídos por nomes brancos. Essa foi uma entre muitas estratégias que visavam apagar as raízes do pertencimento étnico, integrando os índios na economia capitalista, porém na condição de excluídos. Contudo, os kaingáng e também outras nações indígenas, mesmo com muitas dificuldades e para arrepio dos brancos dominantes, continuam proliferando e reafirmam a mesma identidade étnica, podendo-se falar em resistências culturais que operam através dos **usos** e dos **não-usos** que os grupos fazem das escolas que lhes são destinadas.

toma impulso sempre que há intenções políticas de integrar hábitos, visões de mundo e valores diferentes, numa totalidade mais ou menos homogênea (sociedade brasileira/nacional), tal como acontece na atualidade com a mundialização. Nessa direção, pode-se dizer que a diversidade se põe como um problema sempre que existam circunstâncias político-sociais interessadas na homogeneidade cultural.

Sabemos que a sociedade brasileira constitui-se de diferentes matrizes étnicas e culturais, entre as quais ressaltam-se índios, caboclos e negros. Esses grupos têm sobrevivido com muitas dificuldades a diferentes etnocídios e múltiplas formas de invisibilidade social, ainda assim permanecem reafirmando suas identidades étnicas. Entretanto, a nacionalidade brasileira transmitida pela escola está dada e acabada, pois aparece no processo educativo como se não existissem outras formas de pertencimentos diferentes do modelo branco/cristão e masculino.

Não é possível falar em uma identidade nacional acabada, já que se trata de uma categoria construída situacionalmente. Índios, negros e caboclos não existiram apenas no passado (tal como está escrito em certos textos didáticos), são identidades ressignificadas em face das circunstâncias históricas. A construção das identidades, tarefa que a escola parece ignorar, supõe a alteridade, supõe o outro e o encontro de diferentes concepções, modos de viver, pensar, brincar, imaginar, sonhar, se emocionar etc. Supõe permanências, reapropriações e mudanças.

Na contemporaneidade, a mundialização sugere uma uniformização ou homogeneização social e cultural, mas sugere também reações construídas na base das especificidades culturais. Entretanto, nem tudo é suscetível de ser dissolvido pela racionalidade que preside nosso tempo, nem todos os territórios sociais são subsumidos pela digitalidade e virtualidade das tecnologias, assim como nem todos os grupos sociais aderem passivamente à homogeneidade dos apelos capitalistas. Sempre existem reações baseadas em valores culturais opostos aos que se fazem dominantes.

A discussão em torno da diversidade cultural faz parte desse paradoxo contemporâneo que engendra tanto a possibilidade de padronização cultural e de massificação, quanto uma perspectiva comunitarista erigida em torno da mobilização de grupos sociais que reivindicam o reconhecimento de suas especificidades socioculturais: índios, trabalhadores rurais, terceira idade, punks, negros, índios, gays, mulheres, jovens etc.

A Diversidade no Campo Escolar e Político-Educacional

De acordo com Dayrell (1996, p. 136), após os anos 80 as análises sobre a relação entre escola e sociedade, inspiradas no funcionalismo e no reprodutivismo (centradas nas influências macrossociais sobre a escola), foram se tornando insuficientes para entender que as escolas são compostas por pessoas, por sujeitos. Desde então, além da socialização representada pela dimensão institucional (instância da socialização ou reprodução composta por regras, normas e controle burocrático), estudos preocupados com os processos sócio-escolares passaram a observar também o lado instituinte da escola (instância das sociabilidades, do cotidiano, da produção) materializado pelos diferentes usos sociais opostos ou não à homogeneidade existente no campo institucional.

O cotidiano das escolas caracteriza-se por uma complexa rede de relações sociais entre os envolvidos que incluem alianças, transgressões, conflitos, lealdades, práticas e saberes que dão vida às escolas. Essa é a dimensão das sociabilidades, das recusas, das resistências. É o espaço das possibilidades de transformação do estabelecido, das diferentes territorialidades que são criadas pelos sujeitos enquanto vivem e se relacionam. Nessa dimensão, representada pelos usos (e também pelos não-usos) que são feitos da escola, emerge a possibilidade da transgressão do estabelecido. Mas, as escolas parecem estar restritas à dimensão institucional, isto é, ao espaço da socialização que homogeneíza e limita as ações dos sujeitos porque ficam condicionados a regras, normas, conteúdos e comportamentos previamente definidos como desejáveis.

Institucionalmente, os alunos são tratados como se não fossem seres sociais e históricos, ficam reduzidos apenas aos aspectos cognitivos. No cotidiano os alunos constituem-se como sujeitos ativos que aprendem em face das situações conflitivas que vivem. No entanto, os rituais e práticas escolares interpõem uma uniformidade de tratamento aos alunos confirmando preconceitos presentes na sociedade envolvente. Com isso, as desigualdades e injustiças sociais são reforçadas, pois a escola é seletiva desde a sua própria natureza. Exatamente por isso, do modo como se organiza, não ultrapassa a dimensão da socialização.

A diversidade aparece na escola formal de vários modos. Os alunos (crianças, adolescentes, adultos) são procedentes de famílias diferentes, possuem biografias, raízes étnicas e culturais, religiosidades, experiências de vida, valores, visões de mundo, temporalidades, espacialidades, saberes e fazeres que diferem entre si. Eles carregam as marcas (no mais das vezes, invisíveis) de suas origens e pertencimentos, mas isso não é levado em conta na definição dos conteúdos porque a escola se incumbe de hierarquizar novamente o que já se apresenta como desigual, assim como cuida de homogeneizar o que é heterogêneo.

O fracasso escolar brasileiro está relacionado, de um lado,

com o quadro de injustiças sociais que caracteriza a realidade. De outro, não se pode descartar a influência de uma determinada cultura escolar que colabora na produção ou reprodução do insucesso escolar. Isso significa que os fazeres e saberes especificamente escolares e pedagógicos não compreendem a complexidade e heterogeneidade sociocultural que só pode manifestar-se na dimensão instituinte do espaço escolar. A presença de formas previamente definidas e planejadas de hierarquização no interior do aparato escolar, bem como a fixação de conteúdos, programas e exigências, sugere a implementação de um novo modelo de escolarização que opere rupturas na cultura escolar hegemônica.

Uma mudança do atual paradigma de escola parece delinear-se na medida em que somos instigados a pensar numa pedagogia que considera os alunos como sujeitos e autores colocados no centro da produção do conhecimento. Ainda que esse modelo de educação escolar seja apenas uma possibilidade, entre tantas outras, pode-se dizer que implicaria despertar o interesse direto dos alunos por conteúdos e pesquisas, sugerindo aos alunos a necessidade do ato de pensar e da reflexão, fato que o atual modelo de ensino parece ignorar.

Em termos gerais, a escolarização está dada de antemão, pois todas as possibilidades de atuação são definidas por antecipação. Até mesmo o tipo de aluno considerado como modelo de sucesso preexiste na imaginação de grande parte dos professores e, de certo modo, inspira planos pedagógicos que são arquitetados para além dos alunos reais que compõem a realidade das escolas. As práticas escolares não estão livres dos estigmas e pré-conceitos que prevalecem na sociedade, e muito menos as políticas educacionais, que, em geral, sustentam-se em pressupostos meramente burocráticos, muito distantes das desigualdades econômicas e da complexidade cultural real.

A Comissão Nacional de População e Desenvolvimento (1998) elaborou ampla pesquisa sobre a situação da juventude brasileira e indica que a cor da pele é um fator muito marcante quando se trata de comparar os indicadores de inserção dos jovens no sistema educacional. Dados de 1995 mostram que

> [...] entre jovens de 15 a 24 anos, existiam 51,9% de cor branca e 47,6% negros e pardos. Entretanto, a inserção no ensino de terceiro grau era 5 vezes superior para os jovens brancos. Com relação aos jovens estudantes pobres ("aqueles que vivem em famílias com até ½ salário mínimo de renda família per capita"), a grande maioria (69,2%) era constituída por pessoas de cor negra ou parda, o que permite visualizar mais um aspecto da discriminação sofrida por essa população (apud SABOIA, 1998, p. 512).

As desigualdades de oportunidades educacionais atravessam também a situação espacial dos jovens, pois aqueles que vivem no meio rural estão em elevada desvantagem não só quanto aos níveis de alfabetização mas, principalmente, em relação à progressão escolar.

Embora os movimentos sociais estejam dando visibilidade a uma multiplicidade de sujeitos sociais e culturais, as políticas educacionais são definidas a partir de categorias genéricas – **classe trabalhadora, classe operária, camadas populares** –, como se fosse possível igualar a diversidade e ignorar as desigualdades. Na área social têm predominado políticas que apenas visam corrigir desvios e amenizar seqüelas. Concebidas de cima para baixo, essas políticas contribuem para apagar traços culturais ou étnicos e nem de longe resolvem os problemas para os quais foram criadas.

Ainda que seja complicado pensar em conciliar políticas públicas com as características específicas dos grupos socialmente diferentes e desiguais entre si, o não-reconhecimento das diversidades sociais determina em que esses grupos ficam excluídos dos centros de decisão por questões econômicas e culturais. Desse modo, verifica-se que a multiculturalidade complica a discussão sobre o papel das políticas públicas na reversão de desigualdades baseadas em diferenças de raça, gênero, preferência sexual, geração, entre outras.

Nessa problemática a questão central versa sobre a possibilidade de conciliar políticas públicas com as reivindicações específicas de grupos étnicos, dos deficientes físicos, das mulheres, entre outros, como os excluídos dos centros de decisão por questões econômicas e culturais. Isto implica, em primeiro lugar, a construção de uma cidadania[4] realmente participativa – sugere a idéia de **descentralização** do poder estatal, formas de distribuição dos recursos públicos, fiscalização e tomada de decisões que tenham como ponto de chegada a igualdade como direito universal e como ponto de partida as diferenças socioculturais, sobre as quais se assentam as desigualdades. Torna-se fundamental a eliminação de privilégios e a distribuição seletiva dos recursos, segundo as necessidades sociais postas pelas desigualdades.

A existência dos Conselhos Municipais de Educação representa um avanço que precisa ser ampliado, no sentido de a população envolver-se na própria definição dos recursos públicos que devem ser investidos em ações sociais. Há, portanto, uma diversidade de poder e de reivindicações que sugerem a rein-

4. O conceito de cidadania, cuja origem é burguesa, está de tal modo banalizado que diz tudo e nada ao mesmo tempo. Deve-se objetar também contra a idéia de uma cidadania cuja substancialidade está posta somente no futuro ou contra aquela representada por um elenco de direitos e deveres fixos no passado. Tais concepções são meros simulacros, pois cidadania se constrói historicamente em face das circunstâncias contraditórias em que se vive. Envolve o reconhecimento dos outros, participação democrática e horizontalização das práticas sociais.

venção dos processos de comunicação entre povo e burocracia estatal e das formas de gestão pública participativa.

Ainda que a mundialização desponte com a possibilidade da homogeneização e de incessantes desenraizamentos, é preciso reter que os homens não são simples receptáculos das políticas e das influências mais amplas, eles ressignificam suas realidades e são capazes de tecer elos de pertencimento a situações, a interesses e necessidades de classe revelados nas semelhanças das condições vividas. Os desejos dos diversos grupos sociais, ainda que difusos e conflitivos, precisam ser assumidos oficialmente no âmbito das políticas, caso contrário, intensificam-se os populismos e os fundamentalismos que alimentam esperanças mas prometem falsas soluções.

A alternativa da cidadania participativa nas decisões políticas, econômicas, estabelece a necessidade de reformas no Estado e do fortalecimento de seu caráter democrático, ao invés de minimizá-lo.

As escolas públicas em geral e também as ações e experiências desenvolvidas no campo da Educação em geral não podem ficar reféns da filantropia e do voluntarismo local, nacional ou internacional[5].

As políticas devem atentar para a questão central da diversidade. Tomemos como exemplo os trabalhadores rurais temporários, observando a diversidade interna que os caracteriza. Esses trabalhadores têm as mais diferentes procedências: ora são originários do meio urbano ou do meio rural e estão sem trabalho, destituídos das mínimas condições de vida, ora

---

5. É isso que vem ocorrendo com o projeto **Amigos da Escola**. Trata-se de um programa intensamente difundido pela Rede Globo que procura disseminar a importância do voluntarismo comunitário para o bom desempenho das escolas. Longe de negar essa dimensão, é preciso atentar para o fato de que a educação pública é paga antecipadamente na forma de impostos e justamente por isso deveria prescindir do espontaneísmo. Em

procedem do segmento de pequenos produtores ou pequenos proprietários rurais que ficaram sem terra, ora se trata dos sem-terra que jamais tiveram qualquer pedaço de terra e foram desde sempre trabalhadores ou são migrantes. Isso significa que carregam consigo múltiplas aprendizagens obtidas enquanto compartilham espaços sociais e geográficos diferentes.

Entre eles, a posição de classe é clara por conta da igualdade de condições em que vivem, mas, também entre os trabalhadores rurais temporários, a situação de classe encontra-se atravessada pelo pertencimento étnico, sexual, religioso, por temporalidades e espacialidades diferentes, enfim, pela diversidade que o segmento social compreende. Apesar dessa diversidade, há um elemento que os une – a própria situação em que vivem, em face dos **outros** que lhes servem de espelho. A condição de classe é a mesma, e por essa razão a escola que lhes interessa é aquela que leve em consideração os elementos culturais que lhes são próprios, de modo que lhes permita construir a unidade na diversidade, isto é, eles querem ser reconhecidos na diversidade que os caracteriza, mas não querem que a mesma seja causa de inferiorização e subalternidade.

O mesmo ocorre na regularidade das escolas formais. De modo geral, tendem a ser unívocas e praticamente incapazes de ouvir vozes, histórias e desejos dos outros, que, além de alunos, são pessoas portadoras de saberes e fazeres, de culturas diferentes. Tudo está previamente planejado, de modo que a escola não oferece nenhuma possibilidade de surpresa, todos já

sentido semelhante caminha o programa conhecido como **pedagogia da inclusão**. Advogando a necessidade de incluir os **diferentes** (alunos com necessidades especiais) nas escolas regulares, pode também contribuir para a exclusão, já que a concretização dessa medida justificaria a extinção das escolas especiais. Na verdade, essas crianças devem ter o direito de participar das duas escolas.

sabem, com muita antecedência o que vai acontecer lá dentro. Na lógica escolar, o aluno é aluno e desde que entra na escola deixa de ser gente para ser aluno, um ser indiferenciado para os propósitos escolares. Todos sabem quais são os seus lugares porque já estão definidos há longo tempo.

Enfim, essa escola não foi concebida para atender às diferenças sociais, aliás a sua organização está voltada exatamente para apagar as diferenças sociais e culturais, contribuindo significativamente para a manutenção da cultura branca/ocidental, fazendo parecer que não existem desigualdades.

Os saberes e fazeres escolares são etnocentristas, portanto, mesmo que os negros, mestiços, índios e pobres (meninas, meninos, idosos e idosas) nela estejam presentes, de fato estão ausentes, porque a racionalidade escolar os exclui por dentro. E desse ponto de vista, essa escola, longe de ter fracassado, obteve enorme sucesso, pois não se tratava mesmo de incluir, mas de ocultar, mediante um simulacro de democracia, a perversidade das inúmeras exclusões a que continuam sendo submetidos os negros e índios no Brasil. A esse respeito, Frei Betto (2000, p. 10) relata:

> Há cerca de 300.000 indígenas, que se expressam em 185 idiomas distintos. [...] As comemorações oficiais dos 500 anos foram entregues, primeiro, ao Ministério das Relações Exteriores. Alguém deve ter-se dado conta de que o Brasil, definitivamente, não mantém relações diplomáticas com as 215 nações indígenas espalhadas pelo território nacional. As relações ficam a cargo de uma autarquia desprovida de recursos, a Funai, que muitos índios traduzem por "Funerária Nacional do Índio".

Como pensar as políticas públicas diante dessa realidade? Como trabalhar nos movimentos e nas propostas de educação de crianças, jovens e adultos conciliando o direito a uma igualdade universal com o respeito às diversidades? Como não correr o risco da fragmentação e da divisão atuando de acordo com as necessidades postas pelas diversidades e buscando a eliminação das desigualdades?

Em resumo, é preciso pensar na construção de um corpo teórico com o qual se possa influir na produção do conhecimento e na definição dos currículos – incluindo culturas que têm sido negadas não apenas nas escolas, mas também nas universidades e nos centros culturais, assim como nas mídias que produzem e distribuem imagens e conhecimentos. Entre as culturas negadas na escola estão: as culturas infantis (particularmente a infância pobre), juvenis, de terceira idade; as etnias destituídas de poder – negros, índios, caboclos e populações latinas; universos culturais femininos diferentes, o mundo das sexualidades diferentes, das classes trabalhadoras, das pessoas pobres, do meio rural e litorâneo, dos portadores de necessidades especiais, entre outros.

Nessa direção pode-se dizer que o silêncio que predomina nos currículos é excludente e preconceituoso, pois não reconhece e muito menos valoriza as culturas dos **outros diferentes**. Nega-se a tratar do uso capitalista do trabalho infantil, do abandono dos velhos, das desigualdades, das etnias oprimidas, das crenças diferentes... A proposta dos Parâmetros Curriculares sobre a questão da pluralidade cultural vem ao encontro dessa preocupação, mas também apresenta problemas, podendo recair na armadilha da banalização das culturas dos outros, reduzindo-as, nos currículos e nas práticas escolares, a conhecimentos triviais que representam as culturas negadas por meio de imagens estereotipadas, turísticas, folclóricas ou comemorativas.

A eficiência da escola burguesa pode ser comprovada quando se verifica que ela foi capaz de substituir com eficiência a força bruta dos aparatos policiais na tarefa de exercer o controle social, foi capaz de homogeneizar identidades, conformar corpos e consciências e também de ocultar formas mais aparentes de escravidão. Essas perspectivas precisam ser reconhecidas, na medida em que seus processos excludentes aparecem na forma de propostas includentes. Ainda que isso seja histórico, não se constitui como uma fatalidade, pois a escola pode justificar-se como instituição social quando

> [...] for capaz de preparar o aluno para viver no meio de culturas diferentes, compreendendo as variadas situações multiculturais, facilitando-lhe o domínio de outros costumes e formas de pensamentos diferentes dos próprios (KREUTZ, 1998, p. 16-17).

O ensino e a aprendizagem constituem formas de simbolizar e significar. Se as práticas escolares tendem a rejeitar o que pode ser entendido como cultura popular, perdem a oportunidade de se conectar com a riqueza e complexidade dos conteúdos culturais próprios dos grupos sociais. Políticas sociais e educacionais, bem como práticas escolares descoladas da realidade sociocultural, longe de se traduzirem em inclusão, podem excluir ou correm o risco de segregar quando as diferenças culturais passam a justificar ou escamotear desigualdades sociais.

Diversidade e Multiculturalismo: os Caminhos da Educação Escolar

Multiculturalismo é um termo ambíguo e polissêmico. De um lado, significa o reconhecimento de culturas diferentes e do impacto dessas culturas na educação e na produção do conhecimento social que se caracteriza como monocultural. De outro lado, o multiculturalismo pode ser nefasto quando leva às últimas conseqüências a celebração da diferença, podendo resultar em segregacionismos culturais[6], vez que se baseia no direito à diferença e não na consideração das diferenças.

Trata-se de um movimento difícil de ser definido com precisão. Valente (1999, p. 248) afirma que a questão do multiculturalismo "[...] é marcada pela falta de consenso, inclusive na utilização dos termos que vão designar a recente preocupação com a diversidade cultural [...]". Representa, principalmente, uma constatação, uma tomada de consciência sobre o caráter pluriétnico e complexo das sociedades atuais. Ao mesmo tempo, pode referir-se a um movimento político através do qual grupos sociais reivindicam proteção ao direito de preservarem suas características culturais. Semprini (1999, p. 40), focalizando os principais aspectos do multiculturalismo nos Estados Unidos[7], entende que

> [...] pode ser analisado como um sintoma, o indicador de uma mudança social de grande importância. Nenhuma mudança à força dessa magnitude poderia acontecer sem provocar conflitos, incertezas, ansiedade. Apesar da retórica do pluralismo e do cadinho de raças consagrada na alma americana, a diferença – social, racial, étnica – foi, até bem recentemente, mantida dentro de limites definidos. [...] A perda de referenciais por parte de numerosos grupos sociais é, sem dúvida, uma das causas principais das reivindicações identitárias e multiculturais.

6. O professor Arhur Schlesinger Jr. é um opositor do multiculturalismo americano e afirma, por exemplo, que "[...] os multiculturalistas [...] querem que o sistema educacional promova e perpetue a separação das comunidades étnicas". Hispânicos, asiáticos, negros e outros grupos étnicos passam a exigir o atendimento específico de suas reivindicações, o que pode resultar no isolacionismo étnico-cultural (ver, para maiores detalhes, FREITAS JUNIOR, 1995, p. 60).
7. Nos EUA, os brancos (originários de etnias diferentes) possuem em comum ódio e temor em relação aos negros, e, não fosse isso, certamente haveria outros conflitos raciais. As estatísticas americanas apontam para uma leve redução na quantidade da população branca, sinal de que, demograficamente, o país está se colorindo quando se pressupunha que iria branquificar-se.

De fato o multiculturalismo coloca a diversidade cultural no centro dos debates políticos trazendo à cena questões identitárias que estavam ocultas diante da hegemonia do homem branco/europeu. Índios e negros reafirmam suas identidades étnicas e lutam para garantir espaço na cena pública. Quanto mais se intensificam as migrações internacionais, mais pluriétnicas e complexas tendem a se tornar as sociedades, portanto, mais aumentam os problemas identitários, pois as identidades sociais são construídas relacionalmente.

Além disso, os multiculturalistas americanos reivindicam um corpo teórico que deve auxiliar ou orientar a produção de outros conhecimentos que não sejam eurocentrados. Para tanto, elegem a escola como espaço privilegiado de suas lutas, pois, embora não tenha exclusividade na educação, desempenha um papel fundamental na formação dos **produtores** de conhecimentos. Por meio da escola pretendem influir na redefinição dos currículos, incluindo esses novos conhecimentos não apenas nas escolas, mas também nas universidades e nos centros culturais, assim como nas mídias que produzem e distribuem conhecimentos.

Conforme explica Valente (1999, p. 248), em razão das ambigüidades do multiculturalismo, emergem tentativas que objetivam sua superação, especialmente na Europa. Essas tentativas pretendem

> [...] implementar a *educação intercultural*. Para os europeus, o conceito de *multicultural* se limita a constatar o estado das entidades sociais onde coabitam os grupos ou os indivíduos de culturas diferentes, ao passo que o intercultural permite a caracterização de uma dinâmica bilateral no interior da qual se engajam parceiros conscientes de sua interdependência.

No entanto, alerta ainda Valente (1999, p. 249) que a proposta de educação intercultural não pode ser considerada como "[...] sinônima de uma educação harmônica de respeito às diferenças [...]". Assim, escolas bem como outras instâncias produtoras de conhecimentos e de imagens sobre a sociedade (representações) passam a ser elementos centrais para a construção de relações interculturais. A escola torna-se relevante porque "[...] é uma instituição eminentemente eurocentrista, isto é, branca, européia, cristã, masculina, capitalista, cientificista, racionalista e predatória que silencia outras culturas tratando-as como inferiores [...]" (GONÇALVES e SILVA, 1998, p. 16).

A mesma perspectiva intercultural deve orientar mudanças nas instâncias jurídicas e também no plano das políticas **sociais**, que de sociais só têm mesmo o nome, uma vez que são pensadas a partir de um referencial etnocentrado segundo o qual os grupos culturalmente dominados são postos como objeto das políticas, são coisificados. Ao focalizar a diversidade do gênero humano e insistir no uso do conceito de natureza para classificar grupos sociais, a Antropologia Culturalista, por um lado, deu suporte a teorias racistas e, por outro, terminou reafirmando que a superioridade étnica se assentava sobre leis naturais imutáveis, portanto essa dominação era ato de pura arbitrariedade. Desse modo, passou a embasar os protestos culturais, pois não existem grupos **naturalmente** inferiores nem superiores, existem diferenças étnicas e culturais. Mas, o problema central que é a reversão das desigualdades baseadas nas diferenças de gênero, preferência sexual, religiosidade, entre outras, torna-se ainda mais complicada com a constatação da pluralidade étnica.

A suposta monoculturalidade social é dissipada com a constatação da pluriculturalidade como constitutiva das sociedades contemporâneas. Essa realidade, supõe a crítica ao monoculturalismo que tem uma "[...] visão essencialista acerca da identidade dos sujeitos coletivos. Os monoculturalistas buscam valores universais, absolutos, ou um projeto civilizatório único [...]" (SCHERER-WARREN, 1998, p. 13). Para os monoculturalistas, os processos identitários não são históricos e relacionais, portanto negros, índios, caboclos – os excluídos – foram identidades no passado e não são mais no presente. Por isso, os movimentos de protesto são, geralmente, antecedidos de uma tomada de consciência da própria etnicidade.

O etnocentrismo se torna fundante das relações baseadas no autoritarismo e na dominação sobre os demais, sobre os diferentes. Mas, o igualitarismo, que desconsidera as diferenças étnicas, culturais, pode também ser opressor. Na sociedade monocultural e etnocentrista, as propostas educacionais, entendidas como parte das políticas sociais, são definidas de modo igual para diferentes grupos sociais.

Ainda que os multiculturalistas tenham uma visão relativista dos valores, o que permite pensar nas minorias, o respeito à diferença é ambíguo, uma vez que o relativismo absolutizado pode resultar na produção de guetos culturais que reforçam as desigualdades, preconceitos sociais e termina legitimando as injustiças históricas, o que seria o mesmo que confinar grupos sociais nas suas próprias diferenças[8]. Porém, o multiculturalismo não pode abrir mão da igualdade dos direitos e das necessidades

---

8. Nessa direção é importante fazer um parêntese. Pode-se dizer, em certa medida, que a utilização da proposta freiriana para Educação de Adultos padeceu desse mal, em determinados lugares onde foi aplicada. Alguns grupos de educação permaneceram restritos ao espaço da realidade circundante, ao gueto cultural do próprio alfabetizando, reduzindo em muito as possibilidades político-educativas, pois o próprio Paulo Freire **ensina** que educar é ensinar a **pensar a si no mundo.** O mundo não pode ser resumido ao pedaço social em que o sujeito se inscreve, é muito mais do que isso. A realidade em si mesma é pensada, construída, portanto a educação tem de extrapolar o círculo da mesmice que é tomada como realidade e, partindo da diversidade inclusiva, poder alcançar a igualdade de condições.

compensatórias, caso contrário terá contribuído para excluir, para separar, para fragmentar, permitindo que a dominação sobre as minorias seja ainda mais eficiente.

Nesse sentido, também a educação não pode ser completa sem que se considere a pluralidade étnica (portanto, de saberes e fazeres) como constitutiva da sociedade brasileira. A preocupação básica é a de que essa perspectiva educativa possa impedir o acesso ao conhecimento universal, fragmentando a suposta unidade nacional. A institucionalização da diferença aprisiona os sujeitos sociais numa menoridade ou inferioridade que é atribuída por outros, pois as identidades são construídas pela presença do outro, pela alteridade.

Conciliar a igualdade dos cidadãos e o direito à diferença constitui o grande dilema e o desafio da escola pública, pois ela mesma é uma instituição etnocêntrica, monocultural e preconceituosa. Os caminhos podem ser o de uma pedagogia ancorada nos pressupostos de um multiculturalismo crítico (McLAREN, 1997), o de uma pedagogia do conflito (SANTOS, 1996) ou o do interculturalismo que se caracteriza como um projeto de educação baseado no reconhecimento e na valorização da diversidade étnica e cultural. Uma educação fundada no diálogo entre as diferentes culturas, aberto e democrático, que se recusa a colonizar ou civilizar os outros, mas se põe a aprender com os diferentes, que se compromete com a heterogeneidade sem, no entanto, usá-la para produzir novos submetimentos. Uma educação conduzida pela solidariedade, contra as desigualdades, preconceitos e discriminações, ao mesmo tempo em que garante, para além da apropriação, a produção de novos conhecimentos impressos e imagéticos menos etnocêntricos.

Quando se diz que à escola incumbe a transmissão do conhecimento sistematizado, é importante que se pergunte: Qual conhecimento sistematizado? Considerando que todo o conhecimento científico produzido e acumulado apresenta-se como europeu/ocidental e dominantemente masculino, compreende-se que é necessário reescrever o conhecimento dominante, para que de fato a educação escolar possa ser intercultural.

A educação na sociedade brasileira nunca será completa, caso desconsidere a pluralidade de saberes e valores culturais de seu próprio povo. Isso envolve a redefinição do currículo escolar para que leve em consideração o caráter pluriétnico e pluricultural da sociedade brasileira. Supõe romper o *apartheid* intelectual estabelecido pelo predomínio do monoculturalismo escolar e científico que desqualifica outras culturas diferentes, colocando-as como inferiores. Nesse sentido, lembra Sylvia Wynter (apud GONÇALVES e SILVA, 1998, p. 70) a necessidade de

> [...] reinventar o *modelo cultural*, o que significa reescrever o conhecimento da organização social, trazendo também o ponto de vista dos outros grupos que não os descendentes dos anglo-saxões, ou seja, dos afro-americanos, dos latinos, etc. [...] o centro das buscas não é a etnicidade, mas a alteridade e o horizonte de compreensões não é o pluralismo cultural, mas maneiras alternativas de produção do conhecimento.

Esse é um outro grande desafio a ser enfrentado: é possível construir um conhecimento universal sem dominação cultural? Como desconstruir noção de unidade nacional erigida justamente para ocultar o problema das desigualdades e injustiças sociais?

Partindo-se da necessidade de repensar o modelo hegemônico de escola e da necessidade de reorientar as políticas educacionais, a proposta de uma educação intercultural terá de ser transdisciplinar, isto é, deverá superar a disciplinaridade fragmentada que caracteriza a organização dos processos educativos na escola. Isso implica romper com uma cultura escolar que se encontra incorporada em nossas mentes, em nossos corpos e nas nossas práticas. Implica romper com uma memória escolar, com uma história, uma racionalidade, portanto se trata de um processo que demanda tempo e, no entanto, não pode arrastar-se indefinidamente ao longo dos anos.

Diante da mundialização e do neoliberalismo, é preciso desconfiar. Em que medida a problemática da diversidade étnica e cultural se põe também uma outra forma de excluir? Isto é, no momento em que acontece um aprofundamento crescente do capitalismo com o conseqüente refino do individualismo e refluxo das formas de solidariedade social, fala-se também da constituição do **cidadão global**, com uma identidade não mais nacional, porém mundializada. Esse movimento é complexo e contraditório, mas pretende ampliar o processo civilizatório (europeu/ocidental) absorvendo todos os territórios sociais.

Nesse sentido, pode-se pensar que a relação entre escola e diversidade cultural faça parte de uma nova estratégia de colonização dos povos, pois a eliminação das barreiras geográficas e temporais pelo avanço tecnológico aprofunda e leva ao limite a dialética inclusão/exclusão, diretamente relacionada com o problema da garantia da igualdade universal e do seu oposto – a diferenciação. Evidenciam-se novas formas de colonização, contudo, a construção das subjetividades e das identidades sociais, ainda que não se subordine formalmente aos desígnios da economia globalizada, corre o risco de recair em formas mais acirradas de valorização das diferenças, configurando, como afirma Scherer-Warren (1998, p. 5), um movimento de "[...] exclusão-inclusão excludente [...]". Isso significa que, à medida que os processos globalizantes se agudizam, mais aumentam as possibilidades de emergirem fundamentalismos etnocêntricos, nacionalistas e outros. Não obstante, também surge a possibilidade de se constituir uma noção de cidadania ancorada em lealdades múltiplas, compondo um movimento dialógico, intercultural de produção e reescrita do conhecimento dominante.

Toda relação intersubjetiva é também intercultural, isto é, entre os membros de uma mesma sociedade, comunidade ou classe social, subsistem diferenças culturais entre famílias, sexos, gerações. Portanto, a necessidade de diferenciar o ensino coloca em confronto não só as diferenças bem visíveis de pertencimento, de desenvolvimento, de projeto, de capital cultural, mas também as ínfimas e invisíveis diferenças na relação com o mundo, com a vida, com o futuro, com os outros, com a propriedade, com o tempo, a ordem, o saber, o trabalho e mil outras dimensões da existência. Em síntese: **"As pessoas e os grupos sociais têm o direito a ser iguais quando a diferença os inferioriza, e o direito a ser diferentes quando a igualdade os descaracteriza"** (BOAVENTURA apud MALERBA, 1995, p. 25).

Referências Bibliográficas

BETTO, F. Índios e os 500 anos de Brasil. *Revista A. M.* São Paulo, ano 101, nº 10, p. 11, abr. 2000.

DAYRELL J. A escola como espaço sócio-cultural. In: ______. (org.). *Múltiplos olhares sobre educação e cultura.* Belo Horizonte: UFMG, 1996. p. 136-161.

FREITAS JUNIOR, O. O mundo de ponta-cabeça. *Isto é.* São Paulo, nº 1322, p. 60-61, 1º fev. 1995.

GONÇALVES, L. A. O.; SILVA, P. B. G. *O jogo das diferenças: o multiculturalismo e seus contextos.* Belo Horizonte: Autêntica, 1998.

GUSMÃO, N. M. M. Linguagem, cultura e alteridade: imagens

do outro. *Cadernos de Pesquisa*. Campinas, nº 107, p. 41-78, jul. 1999.

KREUTZ, L. Identidade étnica e processo escolar. In: XXII ENCONTRO ANUAL, ASSOCIAÇÃO NACIONAL DE PÓS-GRADUAÇÀO E PESQUISA EM CIÊNCIAS SOCIAIS – ANHOCS, *Anais*... Caxambu, 27 a 31 out. 1998. 20 p. (mimeo.).

LATOUCHE, S. *A ocidentalização do mundo*: ensaio sobre a significação, o alcance e os limites da uniformização planetária. Petrópolis: Vozes, 1996.

MALERBA, J. Entrevista com o professor Boaventura de Souza Santos. Coimbra, 27 de dezembro de 1995. *Cadernos de Metep*. Maringá, ano 7, n 6, p. 9-34, 1995.

McLAREN, P. *Multiculturalismo crítico*. São Paulo: Cortez, 1997.

RIBEIRO, T. O. A Antropologia do mundo contemporâneo: cultura e diversidade. In: SILVA, A.; GRUPIONI, L. D. B. (orgs.). *A temática indígena na escola: novos subsídios para professores de 1º e 2º graus*. Brasília, DF: MEC/MARI/UNESCO, 1995. p. 425-444.

SABOIA, A. L. Situação educacional dos jovens. In: COMISSÃO NACIONAL DE POPULAÇÃO E DESENVOLVIMENTO. *Jovens acontecendo na trilha das políticas públicas*. Brasília: CNPD, maio, 1998, p. 499-518.

SANTOS, B. S. Para uma Pedagogia do conflito. In: SILVA, H. J.; SANTOS, E. S. (orgs.). *Reestruturação curricular: novos mapas culturais, novas perspectivas educacionais*. Porto Alegre: Sulina, 1996. p. 15-33.

SCHERER-WARREN, I. Movimentos em cena... e as teorias por onde andam? In: XXI ENCONTRO ANUAL DA ANPED, *Anais*... Caxambu: set. 1998. GT 03: Movimentos Sociais e Educação (mimeo.).

SEMPRINI, A. *Multiculturalismo*. Bauru: Edusc, 1999.

VALENTE, A. L. E. F. Resenha. *Cadernos de Pesquisa*. Campinas, nº 107, p. 247-251, jul. 1999.

CULTURAS ESCOLARES:
ALGUMAS QUETÕES PARA A HISTÓRIA DA EDUCAÇÃO*

*Zeila de Brito Fabri Demartini***

Tratar de questões relacionadas à cultura não é tarefa fácil; e parece-me mais difícil quando o tema proposto é **culturas escolares**. Existe alguma concordância quanto a esse conceito? Existiria com relação ao conceito de cultura? No próprio campo antropológico, que tem a cultura como objeto privilegiado de investigação, já nos alertava Geertz (1989, p. 14-15) para a necessidade de se tentar escapar da **difusão teórica** do conceito de cultura, pois que as definições sobre a mesma podem ser muitas e dificultar sua apreensão. O que seriam então as **culturas escolares**? Como pensar em **culturas escolares** na perspectiva da História da Educação?

---

* Texto apresentado inicialmente no III Congresso Luso-Brasileiro de História da Educação, na mesa redonda **Culturas Escolares**. Coimbra – Portugal, de 23 a 26-02-2000.

** Doutora em Sociologia pela Universidade de São Paulo (USP); Professora da Universidade Metodista de São Paulo (UMESP); Diretora de Pesquisa do Centro de Estudos Rurais e Urbanos (CERU) e Pesquisadora do CNPq.

Não pretendo aqui teorizar sobre essas questões, mas pensar um pouco sobre as mesmas a partir de um olhar que é resultante de estudos empíricos sobre a realidade educacional brasileira, especialmente a paulista; não irei, portanto, realizar uma reflexão sobre como e o que os autores brasileiros têm apresentado sobre o tema, mas pensá-lo a partir do que os estudos empíricos que tenho realizado e acompanhado há muitos anos me permitem observar, pois, plagiando Geertz, me sinto pouco à vontade quando me distancio das imediações da vida social (GEERTZ, 1989, p. 7).

Mas essa opção também é resultante da própria maneira como se pode compreender a cultura, isto é, como as teias de significados construídas pelo homem e a sua análise (GEERTZ, 1989, p. 15). Nesse caso, que significados estariam ligados a essa instituição-escola, em diferentes momentos históricos, em diferentes contextos sociais e políticos, por diferentes grupos? Como apreendê-los?

Se pensarmos na realidade que vivenciamos hoje, já seria difícil responder a essas questões, mesmo sabendo que a temática mais ampla da cultura tem sido objeto de investigação mais intensa no campo educacional. Os significados atribuídos à escola e ao conhecimento escolar por ela produzido têm sido objeto de muitas discussões e controvérsias. Filósofos da atualidade refletem sobre a crise profunda que afeta a cultura e discordam sobre as finalidades da escola para o homem no mundo atual e sobre as práticas nela observadas, quando pensam nas demandas destes novos tempos e nestas sociedade e cultura cada vez mais globalizadas. Na apresentação que Santos e Correia (1993) fazem à tradução portuguesa do livro *Os filósofos e a educação*, em que Anita Kechikien apresenta as entrevistas que realizou em 1985 com alguns dos mais representativos filósofos franceses da atualidade, os mesmos fazem uma reflexão sobre o conteúdo das entrevistas, observando:

> As perspectivas dos filósofos actuais sobre a educação são obviamente determinadas pelas tendências contemporâneas da filosofia, mas exprimem a aguda consciência da **crise profunda que afecta a cultura, em geral, e a instituição educativa e o discurso pedagógico, em particular**. Por difícil que seja definir os contornos dessa crise e identificar a sua sintomatologia característica, poucos duvidarão hoje da sua extensão e gravidade. A crise não o é apenas da nova conjuntura económico-social, da inadequação das estruturas educativas às novas exigências e necessidades sociais e tecnológicas, da insuficiência dos meios ou da diferente concepção de gestão política desses meios. **É verdadeiramente uma crise de sentido**. Na sua forma actual, as instituições educativas, embora herdeiras do ideal clássico de formação humana, são essencialmente um produto da era moderna e estão em íntima solidariedade com outras instituições modernas sobre as quais igualmente se abate hoje a descrença, ou, pelo menos, a dúvida generalizada. Referimo-nos ao Estado, à Ciência, ao Progresso. Deles foi a Escola o natural instrumento, como laboratório da cidadania, como criadora e difusora do saber que, libertando os espíritos da superstição e ignorância, ao mesmo tempo garantia, quando transformado em técnica, o ilimitado domínio sobre a natureza e sobre o próprio homem [...] (p. 8).

Analisando o **pluralismo das voze**s desses filósofos atuais, os outros observam que há concordância em alguns aspectos:

> [...] não há, verdadeiramente falando, um modelo de homem e, por conseguinte, também não existe um modelo de educação. A melhor educação, como lembram Polin, Lyotard, O Revault d'Allones e Châtelet, será aquela que mais tiver o sentido da diferença, do pluralismo cultural, do carácter aberto e plural do ser humano (sic) (SANTOS e CORREIA, 1993, p. 7-10, grifo meu).

Sociólogos e pedagogos discutem sobre a importância ou não da formação escolar no processo de qualificação do trabalhador frente às grandes transformações ligadas às reestruturações produtivas em processo acelerado no mundo do trabalho; discutem sobre os valores a serem privilegiados nas instituições escolares de modo a enfrentar os crescentes encontros reais e virtuais de grupos sociais distintos – a tolerância é discutida em vários congressos, o **multiculturalismo** com suas controvérsias está presente na pauta de quase todos.

Antropólogos nos alertam para a força das antigas fronteiras étnicas, das antigas rixas religiosas e diferenças lingüísticas, que se acreditava fossem sendo superadas na modernidade, apontando para a atualidade da questão dos territórios e identidades: "[...] idéia da grande marcha da modernidade, seja na forma de uma aldeia global, seja na forma de uma cultura planetária, começou a ser revista" (FONSECA, 1993, p. 6). Discutem, especialmente para o caso brasileiro, sobre as possibilidades de um **desenvolvimento sustentado**, que tem como um dos elementos centrais o respeito às culturas locais, chamando a atenção para a importância de um **saber** não escolar por muitos ainda desprezado:

> Agora, o valor político e econômico da diversidade cultural se destaca justamente porque as "populações tradicionais" são detentoras de conhecimento cultural do uso de boa parte da biodiversidade. De pouco vale chegar em uma mata e não saber lê-la. A ciência do concreto das populações locais passa a ser incorporada pelas formas vinculadas à acumulação de ponta do capitalismo transnacional (RIBEIRO, 1993, p. 12).

São questões como essas que têm se colocado aos educadores e a todos aqueles preocupados com a educação de forma mais ampla, daí a retomada da questão das diferenças culturais nos dias de hoje. Mas, repetimos, em que medida tais questões nos levariam a pensar em nossa produção no campo da História da Educação?

No Brasil essas questões também estão presentes, principalmente por tratar-se de país altamente diversificado, embora "[...] comumente pensado de maneira homogeneizante" (RIBEIRO, 1993, p. 11). Mas, parece-me, a preocupação com as diferenças culturais (e seu enfrentamento) está mais ligada à discussão de uma escola **ideal**, que dê conta por meio de reformulações curriculares e conteúdos específicos dessa diversidade, sem que tenhamos ainda discutido em profundidade tanto a **diversidade cultural do país** quanto a **diversidade do próprio sistema educacional**. Há um reconhecimento de que é necessário articular a construção do conhecimento com os múltiplos contatos sociais, culturais e científicos que interagem e condicionam a vida dos indivíduos (DAYRELL, 1996); há críticas e debates sobre as políticas federal e estaduais que em nome da descentralização pretendem definir de **forma autoritária** e centralizadora quais são os conhecimentos, os valores e culturas a serem trabalhados (SILVA, 1996; VALENTE, 1999) – entretanto, parece que, implícita, existe a idéia de que há um **modelo de escola** historicamente implantado, que deve ser agora superado, para que se possa então construir uma escola que incorpore a diversidade cultural. A discussão das questões culturais parece estar centrada na focalização da escola **presente e futura**, também sem escapar da consideração de uma **escola** genérica e da existência de **culturas** diferentes, mas que são pouco identificadas. Acredito, entretanto, que é preciso ir além, e a História da Educação pode contribuir para essa discussão. Lembrando o sociólogo português Boaventura de Souza Santos,

> [...] Penso que neste momento, e pelo menos transitoriamente, há que buscar energias progressivas sobretudo no **passado**. Não se trata de uma tarefa fácil porque a teoria da história da moder-

> nidade desvalorizou sistematicamente o passado em benefício do futuro. O passado foi sempre concebido como reacionário e o futuro como progressista. Foi assim que a burguesia viu a sua luta e foi assim também que a classe operária viu a sua luta. [...] Penso, pois, ser necessária uma **outra teoria da história que devolva ao passado a sua capacidade de revelação,** um passado que se reanime na nossa direção pela imagem desestabilizadora que nos fornece do conflito e do sofrimento humano. Será através dessas imagens desestabilizadoras que será possível recuperar a nossa capacidade de espanto e de indignação e de, através dela, recuperar o nosso inconformismo e a nossa rebeldia. [...] Só o passado como opção e como conflito é capaz de desestabilizar a repetição do presente. Maximizar essa desestabilização é a razão de ser de um projeto educativo emancipatório. Para isso, tem de ser, por um lado, um **projeto de memória e de denúncia** e, por outro, um projeto de comunicação e cumplicidade (SANTOS, 1996, p. 16-17, grifo meu).

Não basta constatar que existem diversidades e que é preciso incorporá-las ao momento presente. Para tratar das **culturas escolares** no Brasil, seria necessário discutir, parece-me, os significados historicamente atribuídos à instituição escolar, **aparentemente** única quando se pensa em suas finalidades primeiras na modernidade (libertar a humanidade do despotismo político, da ignorância e da miséria (SILVA, 1996)). Qual é a teia de significados que tem envolvido a escola no Brasil, considerando a extrema diversidade cultural do país?

Penso que, da perspectiva da História da Educação, ainda temos um bom trabalho a realizar para conseguirmos apreender as diversas formas como se deu a institucionalização da escola em nossos vários contextos sócio-econômico-culturais e os significados que acompanharam esse processo ao longo do tempo. É interessante observar novamente que, embora se leve em conta a complexa realidade social brasileira ao se discutirem questões educacionais, parece haver, quando se fala do passado, a referência a uma única cultura escolar, que, supõe-se, teria sido hegemônica e apreendida e significada por todos da mesma maneira.

Fala-se em uma **cultura escolar tradicional**, pautada em ritos e comportamentos automatizados, "[...] uma cultura escolar inibidora da emancipação humana, cúmplice da discriminação e da exclusão" (AZEVEDO, 1996, p. 12). Mas as teias de significados que acompanharam a implantação da instituição escolar são muito mais complexas, não podemos pensar apenas naquelas explícitas e implícitas no modelo de escola proposto pelo Estado em nome da população. É preciso verificar o outro lado, o lado da demanda, dos sujeitos envolvidos no processo, para apreendê-las e compreendê-las (CHARTIER, 1990; CARVALHO, 1998).

Boaventura nos instiga, como já apontamos, a buscar o passado para poder construir um projeto educativo emancipatório. Aponta para a turbulência nos mapas culturais, para a enorme diversidade de leituras da situação cultural do nosso tempo e para a necessidade de colocar o conflito cultural no centro do currículo de um projeto emancipatório; para tanto, questiona o mapa cultural que tem orientado os sistemas educativos:

> O mapa cultural que subjaz aos sistemas educativos da modernidade é, cartograficamente falando, um mapa com uma projeção de Mercator, o grande cartógrafo dos Países Baixos cujas técnicas de projeção cartográficas foram adotadas por toda a Europa a partir do século XVII. A característica central da projeção de Mercator é que coloca o continente europeu no centro do mapa, inflacionando a sua dimensão em detrimento dos outros continentes. Em termos simbólicos, o mapa educativo da modernidade é um mapa de Mercator. A **cultura eurocêntrica ocupa quase todo o tamanho do mapa** e só marginalmente, e

> sempre em função do espaço central, são desenhadas as outras culturas indígenas, culturas negras e culturas de minorias étnicas ou outras. É este o mapa do imperialismo cultural do Ocidente. Neste mapa o conflito entre culturas ou não aparece de todo ou aparece como conflito solucionado pela superioridade da cultura ocidental em relação às outras culturas. Por isso, **no sistema educativo hegemônico as outras culturas ou estão ausentes ou estão merecidamente vencidas, marginalizadas, suprimidas** (SANTOS, 1996, p. 26, grifo meu).

Suas observações nos levam a pensar na necessidade de verificarmos, para a realidade brasileira, nos mapas culturais que orientaram os sistemas educativos aqui instituídos. Em que medida a tentativa de implantação da cultura eurocêntrica não encontrou resistências? Como ela foi significada pelos diferentes grupos: índios, negros, caipiras, imigrantes, mulheres etc.?

A antropóloga Kimiye Tommasino, que discute há muitos anos a problemática educacional dos grupos indígenas, especialmente das regiões Sul e Sudeste do Brasil (TOMMASINO, 1997), tem chamado a atenção para a importância de se considerar, em estudos de caráter sócio-antropo-históricos, a sociodiversidade fragmentada da realidade brasileira, procurando incorporar como objeto de estudo o **todo social** diverso, complexo, hierarquizado, dinâmico, mutante ao longo do tempo e do espaço. Dessa forma se evitaria o privilegiamento de algumas etnias, geralmente européias, permitindo a problematização em profundidade dessa sociodiversidade e evitando que fossem escamoteados, na reconstrução histórica do processo de escolarização dos vários grupos sociais, aqueles grupos **apagados** da história (como os índios, negros, caboclos etc.). Essas observações são importantes porque, embora as discussões mais recentes na historiografia da educação brasileira alertem para a importância da abordagem dos diferentes grupos étnicos que compõem nossa sociedade para que se conheça mais profundamente o campo educacional – destaco aqui a excelente discussão realizada sobre esta questão por Kreutz (1998; 1999) –, geralmente os estudos ainda se restringem a uma ou a outra etnia.

Alguns estudos que temos realizado ou orientado corroboram as observações de Tommasino (1997), pois o desvendamento dos processos de escolarização e das teias de significados atribuídos por diferentes grupos em um mesmo *locus* e período parece permitir uma melhor aproximação e apreensão da complexidade constituinte do campo educacional. Através deles podemos observar que, se há uma tentativa de implantação de uma cultura escolar hegemônica (a cultura eurocêntrica), historicamente têm sido diferenciadas as formas de vivenciá-la e as resistências à mesma. Esses estudos têm evidenciado que:

1) os significados atribuídos à escola e ao conhecimento escolar pelos diversos grupos que vieram a compor a sociedade brasileira nem sempre foram os mesmos e variaram ao longo de sua história. As teias de significados variaram para um mesmo grupo conforme o contexto em que se inseriu; e as culturas desses diferentes grupos nem sempre foram excludentes;
2) coexistiram, paralelamente a essa cultura escolar eurocêntrica da **escola modelo**, outras culturas escolares: podemos citar aqui a cultura oriental das escolas japonesas; a cultura das escolas criadas pela população negra e a cultura ameríndia em escolas freqüentadas pelos índios, além da cultura camponesa nas escolas isoladas rurais;
3) a **cultura escolar eurocêntrica** não se manifestou neste país de imigrantes de uma forma padronizada, uniforme e pautada nos mesmos valores: cada grupo de imigrantes brancos, europeus, imprimiu nas escolas por eles criadas a marca de sua identidade, diferenciando em território brasileiro a **escola** da cultura ocidental européia;
4) mesmo as escolas que se pautaram por esse **modelo** (as escolas do Estado e das ordens religiosas européias) foram significadas

de modo diferenciado pelos que as freqüentavam;

5) a **cultura escolar** extrapolava os muros restritivos das escolas, sendo significada mesmo por aqueles que delas eram excluídos: é o caso dos sitiantes/caipiras e dos negros que também inventaram suas escolas, das crianças que inventavam métodos para alfabetizar-se antes de entrar nas escolas oficiais.

Alguns exemplos apreendidos em pesquisas empíricas podem ser interessantes para essa reflexão.

Assim, em estudo realizado em região do interior do estado de São Paulo (Campinas), abordamos escolas ligadas a diferentes grupos e com orientações políticas, religiosas e étnicas diferenciadas: pesquisamos escolas católicas e laicas, públicas e privadas, ligadas a vários grupos étnicos – italianos, negros, alemães –, e pudemos perceber que a maior parte dessas instituições seguia em linhas gerais um único modelo de escola, acompanhando as diretrizes das **escolas européias burguesas**, mas havia as que se pautavam por um modelo já diferenciado, americanizado (caso da escola protestante que funcionou no interior de São Paulo no século XIX) ou pela cultura dos negros recém-libertos. A realidade mostrou-se ainda mais complexa, pois a demanda com relação às diferentes escolas não apresentou distribuição uniforme, como se poderia esperar: as famílias não alocavam seus filhos de acordo com suas convicções políticas, religiosas, por etnias etc.; o que se constatou, ao contrário, foi que famílias católicas enviavam os filhos (homens) para a escola protestante de orientação liberal republicana, enquanto as filhas eram enviadas para colégios ultra-conservadores de madres católicas, em que a disciplina rígida e a obediência eram valores primordiais; encontraram-se também alunos brancos em escolas construídas e mantidas pelos negros, evidenciando tais situações que mesmo havendo opções disponíveis para diferentes grupos, as orientações dos sujeitos no campo educacional podem pautar-se por estratégias que escapam a uma análise que focalize apenas um tipo de escola – as significações atribuídas à escola podem adquirir nuances diferentes para um mesmo sujeito, quer ele a esteja pensando para os filhos ou para as filhas, conforme o momento histórico etc. (DEMARTINI et al., 1999).

Em estudo abordando escolas e o processo de escolarização da população na metrópole paulistana, observamos também o encontro de etnias/religiões dentro de uma mesma escola considerada de uma etnia apenas: os judeus tiveram desde a criação de sua primeira escola em São Paulo (Escola Renascença) a presença atuante de uma professora brasileira católica, que depois tornou-se diretora da instituição, sem abrir mão de suas preferências religiosas; na Escola Taicho, encontramos entre os japoneses uma professora negra que aí atuou durante bom tempo; na colônia japonesa de Itaquera, uma professora de origem italiana; em escolas particulares mantidas por brancos, os negros pobres e excluídos da rede pública. Da mesma forma, ao estudarmos a educação entre os alemães no interior de São Paulo, percebemos que uma professora de origem alemã havia assumido por convivência a cultura japonesa do grupo para o qual lecionava em uma colônia rural (DEMARTINI, 1988).

Será que estamos dando a devida atenção às relações socioculturais que se estabeleceram em determinados contextos entre várias etnias e grupos e que permeiam suas vivências educacionais? A implantação e obrigatoriedade de um **modelo escolar** não permitiu, contraditoriamente, que sujeitos com culturas em parte diferenciadas passassem a conviver e refletir sobre suas práticas? Gilberto Velho (apud DAUSTER, 1996) lembra, nesse sentido, que desvendar as combinatórias e mediações entre os diferentes grupos e níveis de uma sociedade complexa é tarefa significativa para a pesquisa histórico-sociológica.

Desvendar as teias de significados atribuídos à escola pode implicar, para o historiador da educação, superar os **apagamentos** históricos, resgatando experiências que poderiam não mais compor a história educacional de um dado contexto. Nesse sentido, a pesquisa recentemente concluída de Capelo (1999) sob minha orientação, realizada na zona rural de Londrina, estado do Paraná, numa abordagem que se pautou por orientações sociológicas, históricas e antropológicas, trouxe uma grande contribuição para a história da educação da região, assim como para a própria história regional: ela incorporou, em sua busca da sociodiversidade e suas experiências educacionais, os sujeitos **apagados** da história regional, tendo conseguido recolocá-los como sujeitos presentes na história da educação regional, superando o **vazio demográfico** historicamente constatado – nesse caso, os apagados eram os índios, os negros e os caboclos.

Esses estudos nos levam a perguntar: será que podemos nos pautar, como historiadores da educação, apenas na história que atualmente nos é apresentada? Se há hoje, no Brasil, um desvendamento de grupos inteiros que foram apagados pela história (MONTEIRO, 1995) e que já haviam sido apontados em documentos e estudos pretéritos, não devemos nos arriscar mais, se quisermos realmente apreender a complexidade da sociodiversidade numa perspectiva histórica?

Penso que em nossas buscas históricas devemos ampliar nosso olhar para além do que nos é dado pela própria história atual, procurando os indícios que a realidade nos apresenta – foi assim que pude, por exemplo, chegar às escolas criadas pelos próprios negros a partir da década de 1910 em São Paulo, assim como à diversidade de escolas japonesas também existentes nessa cidade, para não falar de muitas outras (escolas portuguesas, alemãs, francesas etc.) (DEMARTINI, 1989a; 1998a).

Nesse sentido, desenvolver um olhar que ultrapasse o que é dado pela historiografia da educação construída a partir das informações do sistema oficial de ensino é necessário, para que se possa apreender a sociodiversidade e as várias culturas presentes nas escolas.

Dessa forma poderemos talvez entender como a escola é ressignificada até pelas populações que delas foram historicamente excluídas – é o caso das populações rurais do estado de São Paulo, por mim pesquisadas desde há muitos anos (DEMARTINI, 1979). Embora majoritárias nesse estado ainda nas primeiras décadas deste século, não foram priorizadas com a expansão das escolas na virada do mesmo; ao contrário, consideraram os administradores que para essas populações a educação escolar não era **tão** necessária como para as populações urbanas. Essa exclusão não impediu, entretanto, que as populações caipiras do estado de São Paulo procurassem escolarizar-se das mais diferentes maneiras: recorrendo ao estudo com aqueles que já tivessem freqüentado escola, num processo de **cópia** caseira da escola institucionalizada, o que levou em muitos casos ao uso de livros sem as normas prescritas pelos pedagogos e ao desenvolvimento de metodologias próprias, impregnadas da cultura camponesa. O caso por mim analisado de um professor leigo que ensinou leitura, escrita e cálculo a muitos filhos de sitiantes do bairro rural em que morava, durante muitos anos, sem nunca ter freqüentado escola, usando alguns livros que ele próprio providenciava[1], parece-me exemplar dessa resistência camponesa à exclusão do modelo escolar na forma como foi se implantando em nosso contexto brasileiro (DEMARTINI, 1990).

---

1. Chartier já nos alertou de diferentes maneiras como a leitura é, por definição, rebelde e vadia. Resta-nos, como historiadores, verificar as formas como tem se dado a apropriação desse saber escolarizado, mediado pelos livros (CHARTIER, 1994).

Situação semelhante pode ser observada entre as populações negras, escravas ou libertas, do meio rural e urbano desse mesmo estado. As escolas não eram construídas para os negros, que, mesmo quando a elas tinham acesso nas áreas urbanas em que já se expandiam os grupos escolares, delas eram excluídos porque lhes faltavam condições para estudar: eram pobres, não tinham roupas e documentos exigidos para freqüentar essas escolas destinadas aos **cidadãos** paulistas (brancos, bem-vestidos, trabalhadores). Mas os negros, usando táticas as mais diversas, foram conseguindo estudar e criar escolas que pudessem preencher esse não-atendimento do sistema escolar oficial a esse grupo, que em território brasileiro enfrentou todas as formas de exclusão e violência. A existência de escolas criadas pelos negros em São Paulo e em Campinas durante a Primeira República evidencia a resistência do grupo à exclusão escolar que lhe era imposta de fato e ideologicamente (DEMARTINI, 1989a).

Se a escola que o Estado tentou historicamente implantar se pautava pela homogeneização (e exclusão) dos sujeitos, não podemos tomar essa proposta como um dado efetivado na realidade – é preciso verificar as resistências, as ressignificações envolvidas no processo. Como bem afirmou o sociólogo José de Souza Martins, ao tratar dessa questão para alguns grupos da sociedade brasileira, especialmente para a população camponesa:

> As lutas camponesas atuais, examinadas mais de perto, mostram que os camponeses em luta somente lutam porque elaboram uma visão bastante completa do mundo de seus adversários e inimigos e, conseqüentemente, de si mesmos. Não se limitam a definir o inimigo como aquele que contra eles pratica violências, quer expulsá-los da terra. Embora numa sociedade como a nossa haja distinções substantivas entre índios e camponeses, tanto uns quanto outros estão submetidos a processos sociais que são

substancialmente os mesmos. Por isso, índios e camponeses freqüentemente manifestam o desejo e a necessidade de conhecer a **cultura do branco** ou a **cultura do outro**, do inimigo. Muitos, nessa descoberta adversa do outro, **querem se apropriar de sua cultura**, pedem para ser alfabetizados, dizem claramente que querem saber como o outro pensa, que raciocínio utiliza. Muitos de nós podemos acreditar que essa curiosidade indica o desejo de ser aculturado, de renunciar às próprias concepções e valores. O desenrolar das lutas indígenas e camponesas, no entanto, mostra que a orientação que adotam tem o sentido oposto.

[...] Aí há, também, um **querer da vítima que define a educação**: ela a quer para se apossar da cultura, das técnicas e do saber de quem manda. Seja para simplesmente escapar do mando, mandando, ou escapar do mando utilizando contra o adversário o seu próprio saber [...]. Já tive oportunidade de escrever e falar sobre a duplicidade cultural dos pobres do campo. As condições da dominação branca e colonial, e seus desdobramentos até a época atual, impuseram ao camponês a necessidade vital de usar permanentemente táticas de dissimulação para sobreviver física e culturalmente [...]. É, portanto, nessa **duplicidade**, na sua recíproca dinâmica, que tem sido possível às populações camponesas (e, também, às indígenas, no período mais recente) **definir o sentido da educação escolar**. É, também, nesse antagonismo dramático, porque vivido como condição da subjetividade de cada um, **que se põe o problema da cultura camponesa**. Essencialmente, é uma cultura do antagonismo e do conflito. O caráter submisso do camponês, reiteradamente salientado até mesmo por antropólogos e sociólogos, é apenas um dos lados dessa manipulação de aparências e de culturas – é técnica de sobrevivência. Essa parece ser a razão da facilidade com que camponeses, e mesmo índios, **assimilam componentes da cultura dominante, especialmente os seus componentes formais. Ou seja, aquilo que pode ser vital para o dominador (e sua dominação), mas não é vital para sua vítima** [...]. A vítima, na prática da duplicidade, é débil, mas se protege do invasor e sua dominação – relativiza-a, limita-a, cerca-a na própria cerca (MARTINS, 1992, p. 30-34, grifo meu).

Ao discutir a atuação dos educadores, Martins ainda observa com muita perspicácia que a dominação pode estar presente mesmo entre os que se consideram aliados dos **apagados** da história. É preciso, portanto, também investigar atentamente o trabalho educativo desenvolvido, não só as propostas.

Estaríamos do ponto de vista da História da Educação dando conta dessas duplicidades culturais dos grupos que tradicionalmente têm sido excluídos do sistema educacional? Como apreender essa "exclusão includente" do sistema educacional ao tratar da história da educação de populações rurais, negras, indígenas (sem esquecer que não foram minorias, historicamente falando)?

Para o historiador da educação no Brasil, muitos questionamentos se colocam. Um deles, que considero interessante destacar, diz respeito à existência ou não de um único **modelo** moderno de escola que se assumiu como hegemônico, apontado por vários estudos que remetem à constituição do campo educacional, por alguns chamado de modelo **burguês-branco-europeu**, por outros de modelo **ocidental**, em suas vertentes européia e norte-americana, com características que delineavam uma determinada cultura escolar: seu caráter civilizador, homogeneizador (pautado na escola graduada, com seus dispositivos de seleção e classificação dos alunos, na instituição de ritmos simultâneos de aprendizagem, no estabelecimento de séries, na validação do fracasso e do sucesso escolares, na repetência como parte do processo da disciplina etc.) e intrinsecamente produtor de exclusão (BOURDIEU e PASSERON, 1970; ELIAS, 1993; SOUZA, 1998).

Ao analisarmos os processos de escolarização da população brasileira em diferentes contextos e períodos, podemos entretanto supor que a tentativa de implantação de um **outro modelo** cultural através da escola se fez presente: a escola fundamental japonesa, embora com alguns objetivos semelhantes à ocidental (civilizar, transmitir conhecimentos, disciplinar etc.) carregava em sua organização e em seu funcionamento valores próprios da cultura oriental, que acabaram configurando-a como uma instituição que efetivamente tentava incorporar todos (a ênfase no sucesso obtido pelo respeito às normas, à hierarquia e por meio do esforço e da persistência – a negação nessa escola do insucesso escolar). Em território paulista, paranaense e de outros estados brasileiros, esses dois **modelos** em grande parte diferenciados conviveram não só paralelamente, mas no mesmo *locus* escolar, pela convivência de professores japoneses e brasileiros atuando conjuntamente na formação dos descendentes dos imigrantes japoneses desde sua chegada em 1908. Se nas colônias rurais em que os japoneses constituíam o único grupo étnico houve durante muitos anos uma certa tentativa de manter em território brasileiro o modelo escolar oriental, por meio da criação de escolas próprias, em que todo o ensino se desenvolvia com recursos didáticos e organização social iguais aos das escolas japonesas, inclusive com atendimento de seis anos no ensino fundamental, em contextos mais urbanizados e de convivência mais intensa com outras etnias as escolas eram criadas pelas próprias famílias japonesas incorporando os dois modelos: em um período do dia as crianças freqüentavam a escola **brasileira**, em outro a escola **japonesa**; nas **duas** escolas, entretanto, estava presente a cultura oriental de origem, expressada pelos valores que pautavam a vida das famílias. Por essa razão, a escola era para os japoneses o centro de sua vida comunitária, o foco das atenções e investimentos dos pais: por meio dela se procurava manter as tradições e a cultura de origem e, para tanto, havia um controle sobre as atividades pedagógicas e o conteúdo do ensino. Essa cultura oriental presente nas escolas (cultura em que, através de seu sistema de deveres, cada cidadão se tornava súdito do imperador, considerado no período da imigração ainda como um deus na terra, não como um governante apenas) foi ponto de forte atrito entre o nacionalismo brasileiro e o nacionalismo japonês, levando a que as escolas japonesas passassem a ser as mais discriminadas pelo governo, em São Paulo; eram os **quistos** mais perigosos, pois não se tratava, aqui, de uma questão do ensino da língua, como em outras escolas étnicas de imigrantes europeus, de outros nacionalismos (como a pressão exercida pelos governos alemão e italiano sobre as escolas para cooptar os imigrantes em torno da nação de origem), mas de enfrentar toda uma outra cultura milenar que permeava o sistema escolar e que precisava ser eliminada.

Os imigrantes japoneses, frente a pressões de naturezas diversas (políticas, econômicas, sociais etc.), foram desenvolvendo táticas para conviver com as duas culturas, pautando-se para tanto em um dos traços culturais que mais os caracterizam: para manter o que era fundamental, muitas vezes foi preciso **adaptar-se** ao modelo educativo proposto pelo Estado, não abrindo mão entretanto dos valores fundamentais da educação em sua cultura oriental de origem; as escolas nipo-brasileiras, que os pais construíam e passavam para o Estado, foram uma das táticas utilizadas nesse processo, assim como a contratação de professores de origem japonesa formados em escolas brasileiras para lecionar nas escolas **brasileiras**.

Ainda há muito a ser pesquisado sobre a imigração e a educação no Brasil.

Em escolas de outros grupos de imigrantes, que adotavam o **modelo da escola branca-européia**, mesmo esse modelo era ressignificado conforme o contexto em que as escolas se inseriam e as vivências diferenciadas dos imigrantes. A escola **européia** manifestou-se aqui de diferentes maneiras, pois por meio dela os italianos, poloneses, alemães etc. tentavam manter a língua e as tradições de seus locais de origem (muitos vieram antes ou durante o processo de constituição das nações européias) (HOBSBAWM, 1991). A escola, para todos esses grupos, sempre foi uma instituição importante no processo de identificação étnica. No bojo dos vários nacionalismos em construção, essas escolas étnicas, carregadas de **diferentes culturas**, enfrentaram no Brasil uma situação em parte contraditória: eram talvez as mais próximas culturalmente dos valores orientadores do modelo escolar hegemônico que se procurava implantar, mas foram combatidas, muitas delas extintas, justamente porque carregavam suas culturas européias mais locais.

Teria o **modelo** escolar da cultura européia incorporado aqui uma nova proposta de cultura? Seria interessante discutir essa questão do nacionalismo brasileiro, considerando os demais nacionalismos com os quais convivemos na constituição de nosso sistema educacional. Para além das disputas no plano político, tratava-se no caso brasileiro da busca de uma identidade e de uma cultura nacional (QUEIROZ, 1989; SEYFERTH, 1998). Também parece-me interessante pensar em como esse processo de nacionalização, que se intensifica paralelamente à expansão da rede de escolas, não discriminou da mesma forma todos os imigrantes: os portugueses nem são lembrados quando se fazem referências às escolas de estrangeiros. Seriam vistos como iguais? Viam-se eles próprios como iguais? Culturas aparentemente iguais, com a mesma língua oficial, mas com uma marca diferenciadora fundamental: enquanto os imigrantes portugueses viam o Brasil como o território que colonizaram, os brasileiros os viam como os colonizadores. Que implicações essas identificações tiveram com relação à representação da escola que passavam a freqüentar?

São muitas as indagações, mas, como já apontamos em outro texto, é preciso

> [...] considerar a complexa realidade social presente nos vários momentos históricos, que pode apontar para histórias da educação diferentes para os grupos existentes. É necessário captar as diferenciações sociais existentes e como os problemas educacionais são vivenciados e representados por cada grupo para escaparmos de leituras lineares dos vários períodos que esquecem que somos desde nossas origens uma sociedade multifacetada, extremamente hierarquizada, e tratam a população brasileira como se fosse um grupo homogêneo (DEMARTINI, 1998b, p. 71).

Esse é certamente um empreendimento que, já iniciado, precisa ser realizado englobando especialistas de várias áreas: educadores, sociólogos, antropólogos e historiadores, entre outros.

Referências Bibliográficas

AZEVEDO, J. C. Introdução. In: SILVA, L. H. *et al.* (orgs.). *Novos mapas culturais, novas perspectivas educacionais*. Porto Alegre: Sulina, 1996. p. 11-13.

BOURDIEU, P.; PASSERON, J. C. *La reproduction: éléments pour une théorie du système d'enseignement*. Paris: Minuit, 1970.

CAPELO, M. R. C. *Educação, escola e diversidade cultural no meio rural de Londrina: quando o presente reconta o passado. Tese de Doutorado em Educação*. Campinas: Universidade de Campinas,1999.

CARVALHO, M. M. C. Por uma história cultural dos saberes pedagógicos. In: SOUSA, C. P.; CATANI, D. B. (orgs.). Práticas educativas, culturas escolares, profissão docente. In: CONGRESSO LUSO-BRASILEIRO DE HISTÓRIA DA EDUCAÇÃO, 2, 1998, São Paulo. *Anais*... São Paulo: Escrituras, 1998. p. 31-40.

CHARTIER, R. *A história cultural: entre práticas e representações, memórias e sociedade*. São Paulo, Difel, 1990.

_______. *A ordem dos livros: leitores, autores e bibliotecas na Europa entre os séculos XIV e XVIII.* Tradução de Mary Del Priore. Brasília: Ed. UnB, 1994 (Coleção Tempos).

DAUSTER, T. Construindo pontes: a prática etnográfica e o campo da educação. In: DAYRELL, J. (org.). *Múltiplos olhares*: sobre educação e cultura. Belo Horizonte: Ed. UFMG, 1996. p. 65-72.

DAYRELL, J. (org.). *Múltiplos olhares: sobre educação e cultura.* Belo Horizonte: UFMG, 1996.

DEMARTINI, Z. B. F. *Observações sociológicas sobre um tema controverso: população rural e educação em São Paulo.* Tese (Doutorado em Sociologia). São Paulo: Universidade de São Paulo, 1979.

_______. Algumas reflexões sobre a pesquisa histórico-sociológica tendo como objeto a educação da população brasileira. In: SAVIANI, D. et al. (orgs.). *História e história da educação*: o debate teórico-metodológico atual. Campinas: Autores Associados/HISTEDBR, 1998b. p. 65-78. (Coleção Educação Contemporânea)

_______. Cidadãos analfabetos: propostas e realidade do Ensino Rural em São Paulo na 1ª República. *Cadernos de Pesquisa.* São Paulo, n. 71, p. 5-19, nov. 1989b.

_______. Le storie de vita nell'approccio di problemi dell'educazione. *La Critica Sociológica.* Roma, n. 94-95, p. 169-188, dez. 1990.

_______. *Memórias de velhos mestres da cidade de São Paulo e seus arredores.* São Paulo, CERU/Fundação Carlos Chagas/FINEP, 1988 (Relatório de Pesquisa, v. 3).

_______. Relatos orais de famílias de imigrantes japoneses: elementos para a História da Educação brasileira. In: CONFERÊN-

CIA INTERNACIONAL DE HISTÓRIA ORAL, 10, 1998, Rio de Janeiro. *Anais...* Rio de Janeiro, [s.n.], 1998a. p. 945-963.

DEMARTINI, Z. B. F. et al. *Memórias da educação: Campinas (1850-1960).* Campinas, Ed. UNICAMP/FAPESP/CNPq, 1999 (Coleção Campiniana, 20).

DEMARTINI, Z. B. F.; ESPÓSITO, Y. L. São Paulo no início do século e suas escolas diferenciadas. *Ciência e Cultura.* São Paulo, v. 41, n. 10, p. 981-995, out. 1989a.

ELIAS, N. *O processo civilizador: formação do estado e civilização.* Rio de Janeiro: Zahar, 1993. v. 2, p. 195-307.

FONSECA, C. (org. e apres). *Fronteiras da cultura: horizontes e territórios da antropologia na América Latina.* Porto Alegre: Ed. UFRS, 1993.

GEERTZ, C. *A interpretação das culturas.* Rio de Janeiro: Guanabara Koogan, 1989 (Antropologia Social).

HOBSBAWM, E. J. *Nações e nacionalismo desde 1780.* Rio de Janeiro: Paz e Terra, 1991.

KREUTZ, L. Etnia e educação: perspectivas para uma análise histórica. In: SOUSA, C. P.; CATANI, D. B. (orgs.). Práticas educativas, culturas escolares, profissão docente. In: CONGRESSO LUSO-BRASILEIRO DE HISTÓRIA DA EDUCAÇÃO, 2, São Paulo. *Anais...* São Paulo: Escrituras, 1998. p. 93-110.

_______. Identidade étnica e processo escolar. *Cadernos de Pesquisa.* São Paulo, n. 107, p. 79-86.

MARTINS, J. S. Educação e cultura nas lutas do campo: reflexões sobre uma pedagogia do conflito. In: *Sociedade civil e educação.* Campinas, Papirus/CEDES; São Paulo, Ande/Anped, 1992. p. 29-34 (Coletânea CBE).

MONTEIRO, J. M. O desafio da história indígena no Brasil. In:

SILVA, A. L.; GRUPIONI, L. D. B. (coords.). *A temática indígena na escola: novos subsídios para professores de 1º e 2º graus*. Brasília: MEC/MARI/UNESCO, 1995.

QUEIROZ, M. I. P. Identidade cultural, identidade nacional no Brasil. *Tempo Social: Revista de Sociologia da USP*. São Paulo, v. 1, n. 1, p. 29-46, 1989.

RIBEIRO, G. L. Ser e não ser: explorando fragmentos e paradoxos das fronteiras da cultura. In: FONSECA, C. (org. e apres.). *Fronteiras da cultura: horizontes e territórios da antropologia na América Latina*. Porto Alegre: Ed. UFRS, 1993. p. 9-21.

SANTOS, B. S. Para uma pedagogia do conflito. In: SILVA, L. H. *et al.* (orgs.). *Novos mapas culturais, novas perspectivas educacionais*, Porto Alegre, Sulina, 1996. p. 15-33.

SANTOS, L. R.; CORREIA, C. J. N. Tradução e apresentação. In: KECHIKIAN, A. *Os filósofos e a educação*. Lisboa: Colibri, 1993 (Coleção Paideia; 1). p. 7-10.

SEYFERTH, G. *As identidades dos imigrantes e o melting pot nacional*. Apresentado ao Programa de Pós-Graduação em Antropologia Social, Departamento de Antropologia da UFRJ/ Museu Nacional. Rio de Janeiro, 1998.

SILVA, L. H. et al. (orgs.). *Novos mapas culturais, novas perspectivas educacionais*. Porto Alegre: Sulina, 1996. p. 9-10.

SOUZA, R. F. Espaço da educação e da civilização: origens dos Grupos Escolares no Brasil. In: SOUZA, R. F. et al. (orgs.). *O legado educacional do século XX*. Araraquara: UNESP, 1998. p. 19-62.

TOMMASINO, K. Diretrizes para a política de educação escolar indígena no Paraná: algumas considerações preliminares. In: D'ANGELIS, W.; VEIGA, J. (orgs). *Leitura e escrita em escolas indígenas*. Campinas: ALB/Mercado das Letras, 1997. p. 113-138.

VALENTE, A. L. E. F. *Conhecimentos antropológicos nos parâmetros curriculares nacionais: para uma discussão sobre a pluralidade cultural.* [s.l.]: 1999, mimeo.

PARTE III - DIVERSIDADE E PRÁTICAS EDUCATIVAS

PALAVRAS DE PROFESSORAS

*Magda Madalena Tuma**

Na perspectiva do capitalismo industrial da sociedade ocidental, a partir do século XVlll, a idéia de progresso como cumulativo e contínuo foi se fortalecendo e sendo implementada por meio da cuidadosa elaboração de métodos e estratégias, que passaram a guiar, legitimar o que é razoável ou não como pensamento e auto-reflexão.

Múltiplas técnicas coercitivas se renovavam e sua sustentação já não se apoiava na ostentação da força, mas na construção de técnicas que oferecessem suporte à **anatomia política** que é igualmente uma **mecânica do poder** (FOUCAULT, 1989, p. 127) que repercutiria sobre a vida cotidiana, no claro atendimento às necessidades de reorganização exigidas pelo capital, visando ao controle e ao poder sobre o espaço e o tempo da produção.

* Docente do Departamento de Educação da Universidade Estadual de Londrina, Doutoranda em Educação e membro do Grupo de Pesquisa GEPEMEMO, da FE/UNICAMP.

As condições materiais concretas expressadas pelo grande **boom** econômico e industrial do século XIX o colocarão como o **grande século da idéia de progresso** (LE GOFF, 1984, p. 353), que recebe elementos reforçadores para sua afirmação ideológica na teoria de Auguste Comte. Mas... mesmo em contexto de euforia, a atribuição de feição única ao progresso, em seu sentido de avanço, já convivia com **posições de suspeição** perante situações concretas da realidade, que demonstravam não haver consecução plena dos objetivos de efeitos positivos nas transformações advindas da revolução industrial, por meio dos progressos científicos e técnicos, tanto na vida moral, espiritual quanto na material.

A concepção de progresso no contexto do século XIX nos permite considerar que a avaliação dos avanços e retrocessos, na perspectiva da ideologia do progresso, esteve e está subordinada à perspectiva do **olhar de quem** e do **para que** se busca tal compreensão, o que reforça a condição de ambigüidade e dubiedade de tal concepção, que conforme Morin (1990, p. 77) "[...] não é toda a dimensão da realidade; é um rosto do devir, mas não o único".

Qual é a razão da presença do **progresso** em discussão relacionada às professoras e às crianças?

Ao pensarmos em **palavras de professoras** estamos nos referindo a adultos e profissionais que trazem consigo uma história de vida, permeada por construções socioculturais que lhes dão uma maneira singular de compreensão de mundo, que ultrapassa em muitos aspectos a sua função profissional, mas que certamente repercute em suas opções/ações pedagógicas e na construção de valores e formas de ação/compreensão de mundo da criança.

Assim, mesmo sem atribuir à escola um valor de espaço

determinante para construções psico-socioculturais, não se pode negar que a concepção de **progresso como avanço**, ao se entranhar no imaginário e no cotidiano das pessoas, repercute sobre as ações docentes.

Mas... Qual é o problema da postura do docente que tem em sua concepção de futuro **o progresso como avanço**, se tal compreensão está tão naturalizada na sociedade ocidental?

O questionamento acima nos lança a uma situação de conflito perante sua complexidade e amplitude, mas de forma sintética ouso expressar minha preocupação com a naturalização que tal conceito pode assumir e, em conseqüência, com a possibilidade que contém para a transformação do **processo de socialização** que pode se estabelecer no âmbito escolar, em **processo de homogeneização**. São opções, ações que se nutrem em perspectiva determinista e que entendem as construções socioculturais e históricas como expressão de relações previsíveis, controláveis e passíveis de enquadramento, portanto, em perspectiva na qual se tenta escamotear a contradição, assim como o próprio processo de transformação que é devido a cada pessoa, inibindo a busca de alternativas para além do já conhecido e experimentado.

É processo que desconsidera o inesperado e com ele a imprevisibilidade, colocando a condição para a limitação da subjetividade humana, presente na imaginação e em sonhos, que permitem a ousadia da criação e da recriação, da experimentação e da transgressão, que representam formas de apropriação deste mundo desconhecido, para assim transformá-lo no real que ainda tem muito de sonho e utopia, mas que garantem o movimento para que a escola não se torne o espaço da enunciação do tempo cumulativo e linear que apresenta o futuro apenas como expressão do avanço (progresso), previsível e determinado, consolidando a implementação de ferramentas valiosas para o enquadramento da criança aos padrões de "[...] planificação da sociedade [...]" (LEFEBVRE, 1991, p. 81).

Tais encaminhamentos não são inocentes e se coadunam com os preceitos da sociedade pós-fordista, e a escola, ao deixar em segundo plano a imprevisibilidade, as mudanças e as transformações que ocorrem nas construções da criança **em si** e **no outro**, enfatiza a perspectiva do **progresso no futuro** e opta por pedagogia que prioriza os processos de socialização nos quais a criança "[...] não existe em si mesma, existe para os adultos e para virar adulto [...]" (TEDRUS, 1998, p. 54). Nessa opção, retira-se a criança de possíveis diálogos que possibilitam a solidariedade, que se expressa no partilhar/compartilhar de descobertas e construções engendradas pelo novo, pelo outro, no movimento e na compreensão das diferenças em relação ao instituído e com aberturas para que possa exercer seu potencial de instituinte.

As questões enunciadas fizeram com que me voltasse para ouvir e refletir sobre as **palavras de professoras**, buscando elementos que clareiem representações presentes em suas opções pedagógicas, para o favorecimento ou desqualificação de preceitos que se encaminham fortemente para o enquadramento da criança ao dado pelo instituído socialmente.

Aberturas para o Encontro com a Palavra do Outro

Refletir sobre o **discurso do outro** representa **ir ao encontro do outro**, e tal tarefa nos remete a indagações que nos colocam sob suspeição e exigem que tenhamos desprendimento para irmanarmo-nos com o pensamento de Garcia (1998, p. 24) na consideração de que "[...] Todos somos uns para os outros e outros para uns, enquanto há alguma possibilidade de identificação, de reconhecimento".

Por meio desse exercício, proponho-me ir ao encontro da palavra de pessoas que, como profissionais – professoras –, a expuseram ao conflito e ao confronto, como também ao possível desvelamento que pode possibilitar a reversão (ainda que minimamente) do "[...] impossível [como] aquilo frente ao qual desfalece todo saber e todo poder" (LAROSSA, 1998, p. 81).

A **palavra** para Bahktin (1995, p. 112) ainda é o material privilegiado da comunicação na vida cotidiana e também como fenômeno ideológico, pois é através dela que as pessoas refletem e refratam conflitos e contradições próprias das relações de produção e da estrutura sociopolítica dos sistemas de dominação.

Ele também afirma que a palavra tem **duas faces** ao se constituir como "[...] produto da interação do locutor e do ouvinte, [...] a palavra é uma espécie de ponte lançada entre mim e os outros [...]" (BAHKTIN, 1995, p. 113).

Na continuidade dessa reflexão, Minayo (1994, p. 109) em estudo sobre representações sociais, nos alerta para a natureza contraditória e conflituosa das condições nas quais se reproduzem e se engendram as categorias do pensamento do coletivo, ao conter elementos de dominação e de resistência, vividas nas relações sociais da produção. Sendo assim, as representações sociais são

> [...] matéria-prima para a análise do social e também para a ação pedagógico-política de transformação [...] [desde que não as tomemos como aquelas que] conformam a realidade e seria outra ilusão tomá-las como verdades científicas, reduzindo a realidade à concepção que os homens dela fazem.

A perspectiva de Bahktin já indicada, incitou-me à busca do entendimento do sentido das **palavras de professoras** sobre a criança, através da enunciação realizada em 1997, por seis professoras de escola municipal da Rede Pública de Londrina. As entrevistas aconteceram tendo em vista a elaboração de dissertação de mestrado que visava ao estudo das representações de professoras sobre o **tempo disciplinar escolar**.

Relendo o material coletado e já parcialmente utilizado, deparei com a necessidade de estabelecer um novo diálogo com as professoras, buscando outros sentidos, aberturas, possibilidades em universos que se apresentam como fragmentos de um jogo. Jogo que tem em seu desenrolar a possibilidade da perda de regras e que com isso abre brecha para o lúdico, para o prazer de descobertas que podem fazer emergir a multiplicidade e a diferença; a sustentação para a elaboração de novas jogadas, que revelam estratégias (ainda que parciais), mas que exprimem a complexidade das relações sociais e que repercutem na compreensão e na ação educativa, assim como na concepção de criança.

Nas andanças teóricas e práticas, percorri vários caminhos para a descoberta das dimensões que pode ter a concepção de criança na sociedade ocidental. Ao deparar com a abordagem de Larrosa (1998, p. 68/69) senti o desequilíbrio que leva ao questionamento de conceitos naturalizados, sinalizando o fim do repouso que estava me permitindo e o impulso da elaboração de outra forma de compreensão da criança, ou, então, a procura de melhor compreensão.

Por causa disso e para isso, estou me apropriando da **fala de outras professoras como eu**, para que por meio delas encontre, ainda que parcialmente, minha própria fala, realizando uma certa catarse no exercício que tem a alteridade como princípio.

A alteridade, que só se dá na relação e que representa o "[...] encontro entre eu e ele, onde o outro é o mesmo e o mesmo é o outro [...]" (GUSMÃO, 1999, p. 49), faz com que entenda esse diálogo com as professoras como possibilidade de exercício para a compreensão das **diferenças** e **semelhanças** entre a **professora que almejamos ser** e as **professoras que somos**, em realidade que nos inscreve em suposta igualdade de tempo sócio-histórico, por meio da métrica instituída que nos coloca artificialmente na simultaneidade e objetiva a naturalização da homogeneização.

A tentativa de negar o instituinte presente na subjetividade da construção sócio-histórica do tempo vivido e concebido visa sufocar o que Simmel (apud GUSMÃO, 1999, p. 52) considera como significativo, ou seja, que o mais aparente ou superficial detalhe da vida cotidiana será importante por estar sempre articulado às tramas profundas da vida, o que certamente permitirá o encontro entre o singular e o plural, assim como com as problemáticas da experiência vivida e com as formas que assume em sua subjetividade.

Guattari e Rolnik (1995, p. 26) preferem a expressão **produção da subjetividade** a ideologia, alertando que precisamos compreender que as "[...] mutações da subjetividade não funcionam apenas no registro das ideologias, mas no próprio coração dos indivíduos, em sua maneira de perceber o mundo, de se articular como tecido urbano [...]".

Para esboçar um breve diálogo com a **maneira de perceber o mundo** que as professoras expressam, inspirei-me em Larrosa (1998) na elaboração de questões que me incomodam e incitam à tentativa de compreender um pouco mais o pensamento das professoras **sobre a ação pedagógica que enquadra a criança na tentativa de fabricar o seu futuro na perspectiva do progresso, e se nessa ação há a consideração da infância como ALGO OUTRO que inquieta.**

Acredito que há no processo de busca ao qual me proponho a oportunidade da tentativa de tornar-me

> [...] sujeito da experiência [como] aquele que sabe enfrentar o outro enquanto outro e está disposto a perder pé e a deixar-se derrubar e arrastar por aquele que lhe sai ao encontro: o sujeito da experiência está disposto a transformar-se numa direção desconhecida (LARROSA, 1998, p. 85).

Palavras de Professoras sobre Criança

Em pesquisa realizada no ano de 1997, com seis docentes que atuavam, direta ou indiretamente (três regentes, uma diretora, uma supervisora e uma professora de Educação Física), com duas turmas das séries iniciais (1ª fase), doravante denominadas de **P(nº)**, em escola do ensino fundamental da periferia de Londrina, buscamos nas palavras de professoras as perspectivas que expressam referentes à adequação da criança em relação ao instituído.

Na garimpagem, encontramos expressões que colocam o controle e a disciplina como necessários em função do **futuro com progresso**, pois as ações escolares para a adesão pela criança ao instituído se justificam por acontecerem...

> **[...] em benefício deles próprios. [...] Porque a sociedade inteira, ela está organizada de forma a ter regras, ter normas, ter horários, tudo está preestabelecido. [...] acredito que sejam poucas as coisas que você pode chegar e falar: não, eu vou fazer isso depois [...] você vai trabalhar numa empresa ou qualquer outro lugar, você tem horário a cumprir. Você vai estudar, a escola funciona em tal horário, então é nesse horário que eu vou estudar. Não tem como (P1).**

A colocação acima traz implícita a crença na coerção temporal como possibilidade de progresso, que tem como horizonte de expectativa o futuro, em uma realidade que exige adequação ao instituído como condição para o progresso e que se baseia nas necessidades dadas pelo mundo produtivo.

P1 não revela formas de rompimento com o instituído e tem a escola como *locus* da adaptação e adequação da criança, no qual as resistências infantis ao enquadramento estão relacionadas a diferenças entre camadas socioeconômicas, ao dizer que:

> **[...] no caso dessas crianças aqui [escola de periferia ao lado de favela], a gente sente que quando eles vêm para a escola, eles têm dificuldade de entrar nessa disciplina da escola [...] outras crianças, eu diria, de classe média para cima, que têm outra vivência dentro de casa, eles já vêm de casa com esse negócio de agora é hora de tomar café, agora é hora de tomar banho (P1).**

A condição socioeconômica define a condição de uma maior ou menor subordinação às regras, na qual a criança de classe média se apresenta como mais enquadrada/adequada para a função que a sociedade lhe preparou, reforçando assim a escola como *locus* da transmissão e da reprodução de cidadania calcada em valores que mantêm a estrutura dominante, portanto sem espaço para a criação, a transgressão, a busca do novo ou o exercício da criatividade.

A criança de classe social economicamente desfavorecida é vista como aquela que não se coaduna com os controles organizacionais, pois vem de uma família transgressora que não a disciplina desde seu nascimento para as formas reprodutoras do sistema, o que a manterá à margem do sistema, pois conforme **P3: "[...] eles poderiam ter um futuro brilhante e [...] o futuro deles é tão negro. [...] A droga, é a cadeia, ser fugitivo, sempre fugindo, né? Então, quer dizer, esse tempo ficou perdido"**.

Esse é o pensamento que norteia ações e concepções que colocam as crianças, sejam de classe média ou não, como já predestinadas a uma concepção e a uma posição determinada na sociedade, ignorando-se a realidade dos pais das crianças de periferia, colocando-os como omissos ao desconsiderar sua realidade de pais trabalhadores, que não podem se furtar à divisão de tarefas e à atribuição de responsabilidades à criança, o que muitas vezes extrapola o ambiente doméstico.

Assim, a criança que vem de ambiente familiar que tem tal *modus vivendi* foge ao enquadramento esperado pela lógica da professora e do sistema escolar e por isso é colocada como transgressora. O que passa despercebido, freqüentemente, é que estamos diante de uma carência que a criança sofre, mas que, se nos apegarmos a ela de forma absoluta, talvez nos afastemos das possibilidades que possam estar camufladas em tais situações e que poderiam nos revelar a criança como **sujeito da experiência** (LARROSA, 1998, p. 85).

Tal entendimento não parte de algo abstrato, e sim de palavras da própria professora **(P3)** que acredita na adesão ao instituído, mas também na criança como ser instituinte que pode definir seu futuro, ao considerar que

> **[...] não é o meio que vai fazer ele...,** [a criança] **é a própria pessoa que determina o que ele quer ser ou não, sabe? Eu tenho alunos que passaram por aqui e que já nem, nem vivem mais, porque fizeram um trajeto totalmente oposto àquilo que a gente** [professoras] **sempre procurou colocar pra eles. Em compensação, eu tenho outros que têm um futuro que está tendo assim... uma carreira brilhante.**

Há nas palavras da professora **P3** o vaticínio radical dado pelo rompimento com o estabelecido – a morte. Para o sucesso é necessário que as crianças, mesmo como instituintes, não resistam ao ensinamento proposto, apesar de ela reconhecer que "**[...] a escola não resolve [...] ela ensina os primeiros passos, ensina que ele pode conquistar [...]**".

Tal perspectiva é reforçada por **P5**, que expressa com mais ênfase a concepção de progresso como avanço a partir da inserção da criança no instituído, ao dizer que a escola

> **[...] trabalha bastante com a criança esperando que amanhã a criança seja uma pessoa assim... preparada para a vida, né? A escola trabalha tanta coisa em função disso daí com eles, então o objetivo dela é alcançar sempre coisas boas. [...] a escola ensina a ser um bom cidadão por exemplo, porque que nem as nossas crianças aqui, o ambiente em que eles vivem, eu acho que não é um ambiente propício.**

Pertencer à classe social desfavorecida economicamente torna as crianças vulneráveis ao insucesso, caso não sigam os preceitos do instituído transmitido de forma positiva pela escola, mas a criança permanece como ser instituinte ao qual a escola pode **"[...] tentar orientar, mas eu acho que influir a fundo não, porque a partir do momento, por exemplo, que as crianças saem daqui, nós não sabemos o que eles vão fazer" (P5)**.

As professoras **(P3 e P5)**, mesmo em suas contradições, consideram a necessidade da transmissão da experiência acumulada e a escola como espaço no qual se deve "[...] retirar os mais novos da inconsciência do seu saber daquilo que é percebido sem que seja explícito; e procurar inserir os mais novos nas taxonomias culturais" (ITURRA, 1992, p. 30).

Iturra, em suas indagações, nos impele à dúvida: as professoras desejam ações educativas que propiciem a existência de crianças inquietantes que podem instituir uma outra sociedade ou apenas a reprodução do instituído?

Pelo já registrado, tendemos a ficar com a segunda opção, mesmo que provisoriamente, pois a reprodução é mais adequada ao progresso, portanto o instituir não tem espaço para sua criação, ele já está dado. Mas será que tal opção não estará mascarando outras palavras ausentes desse texto?

Buscamos então expressões de acolhimento da criança, e nas palavras de **P6** encontramos a superação da percepção da diferença apenas vinculada à classe socioeconômica e à procura do entendimento da criança como alguém que já é e ao mesmo tempo como alguém com possibilidades contidas no vir-a-ser quando diz:

> **Ela** [a criança] **pode não ter opções, mas ela sabe o que quer, tá? Ela sabe o que quer. [...] Tem que ter limites? Ah! Até certo ponto eu não sei pra que serve esses tais limites, se não é pra deixar a pessoa mais infeliz do que é. Sendo infeliz, acaba repercutindo, fazendo com que a sociedade se torne infeliz e repressora do jeito que é. Não sei... não sei se é assim.**

Firme, vacilante e titubeante, **P6** demonstra que dirige seu olhar para além do aparente, para além de si mesma, ao considerar a criança como ser que vive na simultaneidade de presente e futuro. Tendo a pensar que ela, de forma implícita, considera as tarefas e responsabilidades que muitas crianças têm no âmbito familiar.

Colocar na berlinda as tarefas domésticas às quais muitas crianças são submetidas nos remete à possibilidade de que a execução das mesmas propicie à criança a fuga da rigidez do controle doméstico, o que a fortalece para a resistência ao controle da outra instituição – **a escola**, que procura cerceá-la em suas ações para o enquadramento na condição do **vir-a-ser** por meio da adesão à ordem estabelecida. Assim, vivem no presente a dualidade do tráfego entre o controle e a resistência ao enquadramento do seu futuro.

A resistência que observei em sala de aula é velada e se expressa por risos escondidos com o dorso da mão; cutucões no vizinho da frente por baixo da carteira, longas espreguiçadas, e muito balanço de cabeça perante os berros da professora para que não levantem do lugar; não falem; não riam nem se comuniquem (Caderno de observações da autora, 1997).

São resistências que acontecem em trabalhos controlados como os com massa colorida, com a qual brincam indo além do pedido (confecção de letras), criando bonecos, pulseiras, cestos e outras representações, buscando apoio no **riso** que assume

> [...] uma forma defensiva exterior [que também tem] uma forma interior essencial [que] liberta não apenas da censura exterior, mas antes de mais nada do grande censor interior, do medo do sagrado, da interdição autoritária [...] (BAHKTIN, 1993, p. 81).

A professora **P6** reconhece e questiona os limites do enquadramento mostrando a cara daqueles que não se afogam no mar da indiferença, ao reconhecer o direito ou a necessidade que as crianças têm de resistir à determinação da socialização, e ter dúvidas quanto ao resultado: **"[...] se desse jeito a gente não tá fazendo, produzindo este tipo de pessoas mesmo, sem afetividade, sem nada, não sei" (P6)**.

Descontente com as relações que se apresentam na sociedade, demonstra de forma flagrante a importância que dá à sociabilidade como "[...] território comunicante e interativo, *locus* de mediação entre individualidade e sociedade, entre expressão e identidade, cuja relação é possibilitada pela cultura como esfera do social [...]" (GUSMÃO, 1999, p. 52).

Questionando a socialização, reforça tal postura em outro momento ao dizer que o tempo não está sob o nosso domínio, mas que, se estivesse, provavelmente **"[...] as pessoas iriam viver bem melhor. Iam ser, uma coisa... você poderia ser você mesma, você poderia ser mais transparente"**.

Ela **(P6)** está se referindo às **crianças de periferia**, escancarando a afetividade presente em preocupações voltadas para o indivíduo e sua relação com a sociedade. Mas... o processo de construção ideológica de nossa sociedade a leva à contradição, que a faz considerar a criança de periferia como portadora de demandas exclusivamente dirigidas a elas ao dizer que: **"As aulas não deveriam... não deveriam começar em fevereiro, eu acho assim que deveria começar em janeiro porque as crianças ficam muito tempo na rua [...]".**

A posição acima enunciada indica que o tempo de lazer (férias) preocupa por ser considerado como o **tempo que sobra**. O tempo e o espaço que possibilitam o riso e a brincadeira são vistos como **ambiente de risco** que coloca a **criança de periferia** na condição de necessitada de orientação permanente, por meio do ensino, para o trabalho, para o adestramento físico e moral. Também nos revela que ainda há em **P6** a permanência da preocupação com a socialização por meio dos "[...] laços de obediência, de respeito e de dependência do mundo adulto [...]" (PRIORE, 1999, p. 8).

Em **P2** encontramos posicionamento parecido com o de **P6** na diferenciação entre crianças por classe socioeconômica, pois ao ser questionada sobre a liberdade que a criança tem antes de vir à escola e sobre se tal liberdade diferencia as crianças em relação ao tempo e à disciplina na escola, responde que:

> **Varia. Varia o tempo e o tipo de liberdade. O livre que eu quis dizer é que ela não tem... o compromisso, né? Mas no caso dos nossos [crianças de periferia], são livres, porque eles ficam brincando pela rua, eles ficam à vontade. Já uma criança de nível sociocultural mais elevado, talvez ela possa ser uma criança livre, mas só para brincar só dentro do quintal, ou só dentro de casa ou só dentro do apartamento. Aí vêm as diferenças também (P2).**

Há na concepção da **P2** a mesma desconsideração da **P1** (apontada anteriormente), em relação às tarefas e responsabilidades que as crianças de periferia assumem no âmbito doméstico em sua diferenciação com as crianças de outro nível de poder aquisitivo.

Não estou me referindo ao **trabalho fora de casa**, que demandaria outro estudo, estou é tentando chamar atenção para o trabalho doméstico da criança como situação que a envolve em responsabilidades e, de forma contraditória, permite que ela tenha uma certa autonomia que a coloca mais próxima da condição de sujeito da experiência; e para o fato de que, ao ser trazida para o âmbito escolar, tal exdperiência é interpretada como expressão de inadequação e indisciplina.

Quase 2 milhões de crianças e adolescentes entre dez e dezessete anos (provavelmente com predominância de meninas) são submetidos ao trabalho doméstico sem o acesso à escolaridade, informa Rizzini (1999, p. 382). Mas o enfoque no qual insisto é que, mesmo em realidade tão adversa, há a possibilidade de a criança, independentemente de determinações de classe socioeconômica e de faixa etária, construir-se como **sujeito da experiência**, portanto, de maneira diferenciada que lhe dá condição de colocar em xeque o modelamento que a escola e a família querem lhe impingir.

Defrontamo-nos, por meio das **palavras de professoras**, com situações que nos indicam que tanto a casa como a escola se distanciam das respostas que as crianças necessitam, o que nos coloca como adultos em situação na qual parece que não demos conta da recomendação de Arendt (1997. p. 247), isto é, amar nossas crianças de forma a inseri-las em nosso mundo, mas com o cuidado de preservar seu espaço de criação, de instituinte, para além do que deseja ou espera este mundo.

Infelizmente, na pesquisa realizada, não colhi dados relacionados diretamente a esse aspecto, mas Rizzini (1999, p. 383) me auxilia no encaminhamento dessa idéia ao colocar o exemplo de Joana, que aos nove anos foi para o Rio de Janeiro (vivia em São Luís/MA) trabalhar em casa de família. Cuidou de duas crianças, sofreu investidas sexuais do patrão. Aos dezessete anos fez supletivo e buscou outro emprego, demonstrando que não se conformou com o que lhe tinham predestinado, e pôde, assim como pode, construir seu novo modo de vida revelando que é "[...] muito mais que uma folha de papel em branco, sobre a qual a sociedade escreveria o seu novo texto: folha e texto são gerados juntos" (RODRIGUES, 1992, p. 122), mas de forma singular.

Conclusão Inquieta do Inacabado

Esta foi uma rápida digressão sobre **palavras de professoras de crianças sobre crianças** onde percebemos que, de forma atenuada ou não, permanece a expectativa de uma infância que se subordine a um modelo único, no qual não há muita chance para o viver e o conviver entre adulto e criança, em relação à preservação da capacidade e das peculiaridades de cada um, pois a escola tem dificuldade em abrir espaço à contradição na relação, colocando empecilhos para a instalação da "[...] pedagogia da transgressão [...]" (ITURRA, 1992, p. 498) que gera a contradição e que pode mudar a herança social por meio da leitura de pistas que as crianças fornecem.

O que precisamos é olhar com atenção para essa pessoa inserida em classificação que a denomina criança e superar empecilhos que nos impedem de enxergá-la como o **outro** que tem voz e que se coloca como

> [...] realidade concreta desses pequenos sujeitos que são, a um só tempo, um outro e um mesmo. Exemplo ímpar de alteridade que desafia o pragmatismo da cultura instituída e as razões e motivações de uma cultura instituinte em que o inusitado, as transgressões e a imaginação estabelecem outras possibilidades

e novas linguagens. Mais que a diferença, portanto, é preciso pensar a alteridade (GUSMÃO, 1999, p. 50).

Não sei se consegui superar meu próprio enquadramento à pedagogia do dever, se não derivei para idealizações escapando de fios que dão sustentação ao estranhamento que quis expressar. Só sei que me coloquei em estado de exercício, que me afastasse da cristalização de saberes e permitisse um pouco mais de aprendizado sobre as possibilidades de reversão do instituído, na busca da desestabilização para a manutenção da capacidade de inserção em situação de risco.

Referências Bibliográficas

ARENDT, H. *Entre o passado e o futuro.*Tradução de Mauro W.Barbosa de Almeida. 4. ed. São Paulo: Perspectiva, 1997.

BAHKTIN, M. *A cultura popular na Idade Média e no Renascimento.* Tradução de Yara Frateschi Vieira. 2. ed. São Paulo: Hucitec; Brasília: Ed. Unb, 1993.

_______. *Marxismo e Filosofia da Linguagem.* 7. ed. Tradução de Michel Lahud e Yara Frateschi Vieira. São Paulo: Hucitec, 1995.

FOUCAULT, M. *Vigiar e punir: história das violências nas prisões.* Tradução de Lígia M. Pondé Vassalo. 7. ed. Petrópolis: Vozes, 1989.

GARCIA, R. A propósito do outro: a loucura. In: LARROSA, J.; LARA, N. P. (orgs.). *Imagens do outro.* Tradução de Celso Márcio Teixeira. Petrópolis: Vozes, 1998. p. 24-46.

GUATTARI, F.; ROLNIK, S. *Micropolítica, cartografia do desejo.* 2. ed. Petrópolis: Vozes, 1995.

GUSMÃO, N. M. M. Linguagem, cultura e alteridade: imagens

do outro. *Cadernos de Pesquisa*. Campinas, nº 107, p. 41-78, jul. 1999.

LARROSA, J. O enigma da infância ou o que vai do impossível ao verdadeiro. In: LARROSA, J.; LARA, N. P. (orgs.). *Imagens do outro*. Tradução de Celso Márcio Teixeira. Petrópolis: Vozes, 1998. p. 67-86.

LE GOFF, J. *Memória-história*. Porto: Casa da Moeda, 1984. v. 1.

LEFEBVRE, H. *A vida cotidiana no mundo moderno*. Tradução de Alcides João de Barros. São Paulo: Ática, 1991.

MINAYO, M. C. S. O conceito de representações sociais dentro da sociologia clássica. In: GUARESCHI, P.; JOVCHELOVITCH, S. (orgs.). *Textos em representações sociais*. 5. ed. Petrópolis: Vozes, 1994. p. 109.

MORIN, E. *Ciência com consciência*. Tradução de Maria Gabriela de Bragança e Maria da Graça Pinhão. 2. ed. Porto: Porto Ed., 1990.

PRIORE, M. D. (org.). *História das crianças no Brasil: apresentação*. São Paulo: Contexto, 1999.

RIZZINI, I. Pequenos trabalhadores do Brasil. In: PRIORE, M. D. (org.). *História das crianças no Brasil: apresentação*. São Paulo: Contexto, 1999. p. 376-406.

RODRIGUES, J. C. *A infância e o poder: ensaios em Antropologia do Poder*. Rio de Janeiro: Terra Nova, 1992.

TEDRUS, D. M. A. S. *A relação adulto-criança*. Campinas: Centro de Memória/UNICAMP, 1998.

UMA MANIFESTAÇÃO LÚDICA SOCIOEDUCATIVA

*Carmen Maria Aguiar**

Introdução

A ampliação dos limites tradicionalmente estabelecidos nos conceitos de ensino e aprendizagem requer cada vez mais uma articulação entre os processos educativos e as concepções socioculturais. Identificar e compreender os modos de viver e interpretar o mundo presentes em diferentes meios sociais, ao tornar visíveis elementos que associam cultura e educação, podem abrir novos caminhos para procedimentos educativos mais adequados às necessidades da população. O caráter dinâmico das relações sociais, juntamente com os procedimentos socioeducativos, elaborados na vida diária, de trocas de saberes, representa um campo rico e promissor de informações essenciais para se definir o papel sociocultural e político da escola e da educação

* Professora Doutora/Universidade Estadual Paulista/Unesp/campus de Rio Claro. Área de atuação: Cultura, Educação e Meio Ambiente.

Este trabalho aborda alguns aspectos marcantes – tomando como referência particularmente significativa uma manifestação cultural específica, que pode ser definida como um importante ritual educativo (abordado no terceiro item deste texto) – do processo de transmissão de conhecimentos e de socialização[1] em uma comunidade específica[2], conhecida nas povoações vizinhas como o **povo da Barra**, que vive semi-isolada numa localidade denominada Barra da Aroeira, na região Norte do Brasil. Esse processo, que já atravessa algumas gerações e tem como âncora os afazeres cotidianos, pode ser considerado, em grande parte, responsável pela sobrevivência dos membros e pela manutenção da cultura dessa comunidade.

O trabalho de pesquisa mais amplo, a partir do qual foram elaboradas as considerações sobre essa manifestação cultural,

1. De acordo com Berger (1973, p. 173-195), existem dois tipos de socialização, a primária e a secundária. A primária – abordada neste trabalho – é a que o indivíduo experimenta na infância, e em virtude da qual torna-se membro da sociedade. Em geral, essa é a mais importante para a vida, é básica. A segunda é qualquer processo subseqüente que introduz um indivíduo, já socializado, em setores do mundo objetivo de sua sociedade.

2. A classificação do **povo da Barra** como comunidade é a mais adequada, considerando-se as formulações clássicas sobre o significado desse termo desenvolvidas por diferentes autores. Os moradores daquela localidade apresentam, por exemplo, as características apontadas por Olmsted (1970, p. 6-7): "[...] laços afetivos íntimos e pessoais entre si; uma solidariedade que parece inconsciente, uma questão mais de sentimento que de cálculo". Da mesma forma, podem ser aplicadas as características definidas por MacIver e Page (1973, p. 122-123): "[...] comunidade [...] é o termo que aplicamos a um povoamento de pioneiros, a uma aldeia [...] uma tribo ou uma nação. Onde quer que os membros de qualquer grupo, pequeno ou grande, vivam juntos e de modo tal que partilhem, não deste ou daquele interesse, mas das condições básicas de uma vida em comum, chamamos a esse grupo de comunidade. O que caracteriza uma comunidade é que a vida de alguém pode ser totalmente vivida dentro dela. [...] As comunidades não necessitam ser auto-suficientes. [...] A comunidade é [...] uma área de vida social assinalada por um certo grau de coesão social. As bases [...] são localidade e sentimento de comunidade. [...] A importância da concepção de comunidade está, em grande medida, em ela salientar a relação existente entre coesão social e área geográfica".

priorizava o estudo de variados aspectos da educação veiculada nessa comunidade, na qual rituais, atividades festivas e brincadeiras compõem um ambiente propício para a transmissão de conhecimentos das pessoas mais velhas para as mais jovens – um modo de vida que congrega educação, cultura e meio ambiente, conjuga crenças e brincadeiras, reúne adultos e crianças, e utiliza o saber como um veículo integrador dos membros da comunidade, por meio de um processo social dinâmico, cujos elos mais resistentes e decisivos são representados pelas mulheres e no qual diferentes elementos lúdicos servem como meio eficiente para o ensino e o aprendizado.

Nessa comunidade, o caminho do aprendizado passa tanto pelas pessoas como pelas matas e águas, e pode envolver, por exemplo, a construção de uma casa ou a identificação de ervas. Numa convivência direta e permanente com a natureza, os mais jovens aprendem ouvindo, observando, testando, cantando, brincando, rezando ou dançando. Caminhando pelos matos, os animais, minerais e vegetais fornecem o material básico para os adultos ensinarem, transmitirem saberes, revelarem informações essenciais para a manutenção da vida. Conhecer os saberes da comunidade significa pertencer a ela, acreditando em suas verdades, guiando-se por seus valores e transmitindo-os aos mais jovens, mantendo vivas suas tradições culturais.

Para garantir essa transmissão e aquisição de conhecimentos, a comunidade elege mecanismos gerais e procedimentos específicos para cada tipo de ensinamento. As trilhas, por exemplo, podem ser utilizadas como fonte direta para o aprendizado dos saberes sobre a natureza, o que existe dentro dela e como ela se integra nas suas vidas. As brincadeiras, por sua vez, retratam uma forte característica do espírito dessa comunidade e, desvinculadas ou associadas a seus afazeres, servem de canal privilegiado para a transmissão de importantes ensinamentos, além de amenizar e compartilhar a dureza que acompanha o seu dia-a-dia. Os laços culturais são também reforçados pelos rituais, rezas, festejos e danças. Permeando todos esses processos educativos, destaca-se a figura feminina, revelando o papel crucial e decisivo que as mulheres desempenham na vida diária e na transmissão e manutenção dos saberes da comunidade.

O aprendizado das regras que norteiam a organização social dessa comunidade passa, também, por um ritual específico, denominado xiruba, do qual todos, adultos e crianças, participam, e que representa, pela forma e pelo conteúdo, um momento particularmente importante no processo educativo veiculado na Barra. É uma espécie de celebração que, misturando ameaças e sustos com brincadeiras e esperteza, visa chamar a atenção das crianças para a importância de se conhecerem as regras, algumas delas até bastante maleáveis, estabelecidas para a convivência dentro da comunidade.

A busca de conhecimento sobre outros saberes, valores e culturas – um caminho privilegiado para melhor compreensão, reavaliação e ampliação de nosso próprio universo cultural – pode se guiar por diferentes focos de interesse. Talvez a educação, tomada em sentido amplo, por envolver variadas questões que, ao mesmo tempo, definem e extrapolam os limites que traçam o contorno de uma cultura, seja a faceta mais repleta, não necessariamente mais exposta ou óbvia, de informações sobre uma organização sociocultural específica.

Estudar os modos de ação da educação nessa comunidade específica – outra forma de definir o foco principal daquele trabalho de pesquisa — significou procurar compreender, contextualizando, os procedimentos (formas, locais, conteúdo, a relação entre **mestres e aprendizes**) que vêm permitindo, há várias gerações, uma eficiente transmissão de conhecimentos, particularmente sobre o mundo que a cerca, essenciais para a sobrevivência das pessoas e de sua cultura.

Contexto Social

Para possibilitar uma melhor compreensão do contexto em que ocorre o ritual do xiruba, abordado neste texto, é preciso traçar, mesmo que de forma sucinta, as principais características que determinam a organização sociocultural da comunidade em questão e retratar alguns aspectos fundamentais do seu cotidiano. Essas informações foram extraídas de um estudo etnográfico anterior (AGUIAR, 1994), quando se realizou um trabalho de minuciosa observação de variados aspectos da cultura dessa comunidade, em que se incluem os vários conhecimentos adquiridos ao longo de gerações e os mecanismos que utilizam para organizar a vida social e garantir o equilíbrio com o ambiente em que vivem.

Trata-se de uma comunidade – na qual o papel de destaque ocupado pelas mulheres representa apenas uma das diferenças entre sua organização sociocultural e a dos brancos sertanejos brasileiros, que, como eles, vivem na zona rural – que vive semi-isolada no sudeste do Estado de Tocantins, na região Norte do Brasil, dentro do largo perímetro que define a região Amazônica no Brasil, numa localidade denominada Barra da Aroeira. Mais precisamente, numa fazenda, distante cerca de 50 quilômetros da sede administrativa (na verdade, um pequeno vilarejo) do município de Santa Tereza.

O **povo da Barra** é constituído por aproximadamente 400 famílias, com uma média de três filhos. As famílias são, quase invariavelmente, do tipo nuclear, ou simples, sendo admitida a poligamia. Cada unidade familiar mora em sua própria casa, construída pouco antes do casamento. Dificilmente mais alguém vive junto. Avós ou pessoas viúvas moram, em geral, em suas próprias casas. Naquela comunidade, é comum ouvir-se a afirmativa de que "[...] aqui tudo é parente [...]", numa expressão que traduz, além das ligações sangüíneas existentes de fato, os fortes elos sociais que ligam os moradores. O sobrenome único e comum adotado por eles é Rodrigues, o mesmo do precursor da comunidade. São descendentes de negros – a cor varia entre a negra e a parda – com os traços básicos dos africanos.

Uma rápida descrição do espaço físico – extraída, com alguns apartes, de um trabalho anterior sobre a comunidade (AGUIAR, 1994, p. 31-34) – retrata, em linhas gerais, o ambiente em que vivem os moradores da Barra da Aroeira:

> [...] As moradias mais antigas e tradicionais da Barra da Aroeira são feitas de pau-a-pique (parede feita de ripas ou varas entrecruzadas e barro), cobertas com folhas de piaçaba, uma palmeira nativa da região. Mais recentemente, entretanto, todo o processo de construção de suas casas começou a ser modificado, devido às queimadas no cerrado, no período da seca. Muitos, por muitas vezes, foram atingidos pelo fogo. E, por isso, algumas casas passaram a ser reformadas, e as mais novas já são feitas com adobe – uma espécie de tijolo feito de barro cru – e cobertas por telhas comuns, de barro cozido em grandes fornos à lenha; este material é todo feito por eles mesmos.
>
> Os objetos domésticos são apenas alguns tamboretes, esteiras de palha, um fogão à lenha, colheres de pau e vasilhas de barro de todo tipo: para guardar água, para cozinhar ou para servir como pratos. Além das redes de algodão, onde estão habituados a dormir, adultos ou crianças. Raramente se encontra uma cama em alguma casa [...]. Alguns bancos de madeira dentro da casa servem para sentar e outros, os mais compridos, são usados para colocar seus utensílios gerais.
>
> [...] No interior de suas casas, quase sempre há poucas paredes dividindo o espaço. Muitas delas sequer têm as quatro paredes

externas; às vezes apenas duas servem de proteção contra o vento sul (mais frio). Algumas moradias são constituídas apenas de um grande barracão, sem paredes, com um pequeno *quarto* interno, onde a família dorme em dias mais frios.

Essa estrutura também passou por modificações mais recentes [...] quando se intensificou o contato com o mundo exterior, quando *estranhos* passaram a aparecer com mais freqüência, e quando, enfim, alguns moradores da Barra começaram a se aglutinar numa espécie de povoado, suas casas ganharam mais paredes externas ou internas, tornando seus ocupantes menos expostos.

A distribuição das casas e roçados dentro da fazenda onde moram obedecia, até pouco tempo atrás, a uma estrutura [...] os moradores da Barra preferem construir suas casas muito distantes umas das outras, reservando sempre uma certa área ao redor para formar suas roças; mesmo os filhos ou filhas procuram um local afastado de seus pais para formar uma nova unidade familiar.

Mais recentemente, entretanto, depois que começaram os conflitos com os fazendeiros [...] começou a se desenvolver, como forma de proteção, um núcleo habitacional, uma pequena vila [...]. É quase que somente uma rua comprida, irregular, muito larga em alguns trechos e estreita em outros, [...] onde a criatividade dos moradores impediu a determinação de um padrão. Há trechos com casas semelhantes e enfileiradas que subitamente se transformam num mato espesso, onde um trilha estreita termina numa casa escondida. Há casas com quintal no fundo, outras com um grande quintal ao redor ocupando parte do que seria a própria rua; há casas ilhadas no meio da rua, sem quintal.

[...] Antes da formação do pequeno povoado, da aglomeração de algumas casas num espaço geográfico mais restrito, quando as moradias todas se espalhavam em pontos distantes, as atividades diárias giravam em torno de cada unidade familiar.

[...] Depois do surgimento do povoado, paralelamente ao aumento do contato com a Igreja e com o sindicato, alguns hábitos novos foram introduzidos na vida desse povo. Surgiram novas atividades coletivas. E a roda de final da tarde se tornou um hábito. É importante destacar aqui que grande parte dos moradores não se juntou ao novo povoado. Continuaram em suas

> casas distantes. Outras famílias passaram a ter duas moradias, a original com suas roças e outra nesse *agrupamento habitacional*. Mas um fato é inegável: o novo povoado se tornou o centro social ou *político* do povo da Barra, passou a abrigar todas as reuniões sociais e a gerar o ponto de partida para as novas atividades coletivas.

A vida religiosa da comunidade congrega elementos da religião católica e a do animismo – crença nos espíritos. Sabem rezar um terço cantado e falado em português misturado ao latim e fazem novenas, seguindo programação da Igreja Católica. Ao mesmo tempo, acreditam que o espírito de alguém que já morreu pode voltar para fazer o bem ou o mal, assim como crêem no espírito das plantas e de outros elementos da natureza, como o vento, e na influência que podem ter em suas vidas.

> O sagrado é apreendido como algo que *salta para fora* das rotinas normais do dia-a-dia, como algo de extraordinário e potencialmente perigoso, embora seus perigos possam ser domesticados e sua força aproveitada para as necessidades cotidianas. [...] O homem enfrenta o sagrado como uma realidade imensamente poderosa distinta dele. Essa realidade a ele se dirige, no entanto, e coloca a sua vida numa ordem, dotada de significado (BERGER, 1985, p. 39).

Esse autor faz lembrar a religiosidade que pode ser apresentada e representada pela coletividade de diversas maneiras: no caso da Barra da Aroeira, muitas vezes utilizam ervas medicinais e alguns frutos, que normalmente serviriam para curar um mal-estar corriqueiro, junto a frutos que servem como alimento comum – estes, unidos a orações e à exposição, durante um certo tempo, à luz da lua, passam a ter uma outra importância, uma outra função na vida da comunidade. Desse modo, objetos, espaço, tempo, produtos etc. podem passar a fazer parte do mundo sagrado, sendo, algumas vezes, utilizados como oferendas para algum santo ou espírito, em troca de proteção. Esses e outros procedimentos semelhantes fazem parte da tradição, no campo sagrado, da comunidade da Barra da Aroeira, como forma de ordenação da realidade. É essa interpretação, ou releitura do mundo, que faz com que elementos do cotidiano, considerados profanos, recebam, do mundo social, um significado que os faz se transformarem, passando a pertencer a outra categoria. Para Berger (1985, p. 41), "[...] a religião é a ousada tentativa de conceber o universo inteiro como humanamente significativo".

Naquela comunidade, assim como ocorre em outras localidades – como Pirenópolis, no Estado de Goiás; nos bairros rurais paulistas; ou na comunidade de Vila Bela, no antigo Estado do Mato Grosso –, a organização das crenças e das práticas religiosas e mágicas tem muita semelhança com o catolicismo popular, que reúne diferentes elementos religiosos de origem distinta para cultuar seus santos. Brandão (1985), Queiroz (1973) e Bandeira (1988) fazem parte do elenco de autores que chamam a atenção para o fato bastante comum de as comunidades agregarem, em um mesmo culto, elementos religiosos provenientes de diferentes etnias.

O dia-a-dia do **povo da Barra** está marcado por atitudes ou procedimentos que poderíamos chamar genericamente de **postura lúdica**. Seus membros enfrentam as graças e as desgraças de suas próprias vidas quase sempre com muito bom humor, numa atitude – convém destacar, incomum entre os moradores da região – aparentemente despreocupada, o que faz com que os estranhos, seus próprios vizinhos, freqüentemente se refiram a eles como um "[...] povo sossegado, vadio [...]"[3]. Além desse

3. Referindo-se ao Cafundó, Vogt e Fry (1996, p. 105-106) abordam a questão da "[...] vagabundagem [...]" como uma representação que os de fora fazem sobre a

comportamento, que permeia todos os seus afazeres diários, observam-se também diversas atividades lúdicas.

As interpretações que fazem da natureza são pautadas por observações diretas e minuciosas do meio em que vivem. Através da leitura dos sinais oferecidos pela natureza, orientam e organizam seus afazeres e suas vidas. O conhecimento das plantas é utilizado, entre outras coisas, para resolverem questões relacionadas à saúde e à alimentação. Astros, comportamento dos animais e clima fazem parte dos marcadores de tempo, que orientam o calendário de rituais, rezas, festas, e de diferentes tipos de trabalho que executam. A organização das tarefas segue antigos ensinamentos que os mais velhos receberam de seus antepassados e que transmitem para as gerações sucessoras. Articulam o conhecimento tradicional com o contato contínuo e direto com a natureza, adaptando-o a suas necessidades atuais. As atividades religiosas, lúdicas e de trabalho estão igualmente atreladas ao meio em que vivem e revelam importantes aspectos do modo como compreendem e interpretam a vida.

Muitos objetos de uso doméstico, a arquitetura de suas construções, a confecção de alguns artesanatos, o trabalho com argila etc. denotam a habilidade que os membros dessa comunidade têm para lidar com grandezas e conceitos matemáticos, como ângulos, quantias pares e ímpares e outros tipos de medidas. Para a confecção do tapiti, utilizam exatas 21 tiras da seda do buriti[4]. Usar uma maior ou menor quantidade de tiras torna o tapiti imprestável.

relação de alguns grupos de negros com o trabalho: "O que [os negros] fazem não visa senão atender às suas carências básicas, por exemplo, de alimentação. Tampouco se trata de uma necessidade estabelecida por qualquer tabela médica de organizações internacionais de saúde. Ao contrário [...] essas necessidades são um aspecto, parte de uma estratégia existencial própria do grupo e coerente na sua lógica".

4. Tapiti — canudo, feito de palha trançada, utilizado para espremer a massa da mandioca

Vivem aparentemente em função de suas necessidades mais imediatas. O bom convívio com a natureza e o meio ambiente parece lhes dar a certeza de que terão, por exemplo, comida garantida, quando for necessário. Fazem um pote porque o outro quebrou; mas não fazem dois potes se precisam apenas de um. Isso não quer dizer que só vão plantar arroz quando acaba o último quilo de que dispunham. Em alguns casos excepcionais, envolvendo principalmente o trato da terra e o plantio, que dependem de ciclos naturais, como chuvas e sol, adotam uma programação, de acordo com seus conhecimentos sobre tais processos. É fundamental ressaltar também que a base da produção econômica na Barra é a busca da auto-suficiência em cada unidade familiar. O sistema de trocas serve apenas de complemento; é utilizado somente em último caso.

As atividades ao longo do dia não são as mesmas em cada unidade familiar, que segue basicamente a orientação de suas necessidades imediatas. A organização, aliás, é quase sempre determinada pela mulher: quando ela ou o marido deve torcer as roupas deixadas de molho; colher mandioca; pilar ou escolher arroz; buscar lenha etc. Embora, como não poderia deixar de acontecer, o ciclo da natureza acabe impondo, às diversas unidades familiares, um comportamento bastante semelhante em determinadas épocas do ano, mais adequadas para se realizarem atividades específicas.

O ciclo da natureza, na verdade, praticamente determina o ritmo de suas vidas. Respeitar esse ciclo é, pode-se dizer, uma regra fundamental para essa comunidade. Assim, as variações do tempo e temperatura – chuvas, seca, frio, calor, as fases da

ralada, para fazer farinha; buriti — palmeira bastante comum naquela região; seda de buriti — tiras finas extraídas dos compridos talos das folhas dessa palmeira, que servem para tecer, entre outros utensílios, balaios, peneiras e cestas.

lua – e o repetitivo calendário dos frutos nativos se refletem profundamente no seu cotidiano, constituindo-se em verdadeiros marcadores do tempo[5].

Esses marcadores os auxiliam na forma de distribuir, ao longo das estações do ano, os seus afazeres, determinando também o ritmo das atividades que exigem um esforço físico mais, ou menos, intenso. Em cada época do ano, dedicam-se a algumas atividades específicas, existindo também aquelas que são mantidas em qualquer situação climática e que compõem um espaço sociocultural mantido tradicionalmente pelos moradores, como é o caso das brincadeiras, da coleta de frutos, das caminhadas entre a mata, bem como das reuniões em que cantam e contam histórias antigas e atuais. A época mais fria do ano naquela região, entre abril e junho, favorece, por exemplo, as longas caminhadas para coleta de frutos nativos. Durante essa época de frio e pouca chuva processam, por exemplo, a cana-de-açúcar, e com a garapa, o caldo retirado após moída a cana, fazem o melado, o açúcar mascavo, a rapadura e a moça branca, também conhecida como moça-de-engenho ou manuê. Quando o tempo esquenta, passam a lidar, entre outras atividades, com a moldagem do barro, que lhes possibilita a confecção de variados utensílios.

De acordo com Heller (1985), para a maioria dos homens a vida cotidiana é a vida, como também a vida cotidiana é heterogênea em seus sentidos e aspectos mais diversos. Entre o **povo da Barra**, pode-se identificar, na composição do seu cotidiano, bem como na maioria de suas ocupações diárias, a heterogeneidade espelhada pela diversidade do meio ambiente. A terra, a vegetação, os animais, a alimentação, os astros são

5. Ver, a esse respeito, Evans-Pritchard (1978, cap. 2-3).

elementos que delineiam e delimitam sua vida, fornecendo a medida da convivência com o meio.

Um Ritual Educativo

O xiruba – uma manifestação cultural que ocorre anualmente, na Barra da Aroeira, no **sábado de Aleluia** (no final da Quaresma, celebrada pelos católicos) – é um ritual, marcado pela presença de um mascarado, no qual se mesclam elementos religiosos, lúdicos e educativos[6]. Parece mesmo uma brincadeira, acompanhada por muito divertimento e descontração dos participantes, mas também por momentos de temor e apreensão.

Assim como em tantas outras comunidades espalhadas por diferentes regiões brasileiras, por exemplo os resquícios de quilombo, o **povo da Barra** acredita em feitiçarias, espíritos, malefícios e benefícios vindos de **outro mundo**. A crença nos espíritos pode se apresentar de diferentes formas, de acordo com as características específicas de cada cultura. Compreender essa crença no seu contexto sociocultural, nas representações coletivas, possibilita uma melhor decodificação da dinâmica social. As formas de representação cultural moldam a ação humana, num processo simbólico, quando os atores sociais buscam atingir seus objetivos.

O xiruba pode ser interpretado como um ritual que, entre outras coisas, reforça os laços sociais entre os membros da comunidade. Essa atividade pode ser considerada como um santuário, um **pacote** que congrega e amarra vários elementos genéricos,

---

6. "Contam os historiadores que no Brasil havia caciques de tribos indígenas que percorriam, em determinada época, as cabanas pela manhã e, utilizando-se de um dente afiado de peixe, arranhavam as pernas das crianças a fim de intimidá-las. Desta maneira, caso elas se tornassem rebeldes, poderiam ser ameaçadas pelos pais com a volta do chefe [...]" (HAHNER, 1978, p. 23).

encontrados em diferentes circunstâncias e contextos. O xiruba também é uma explicação convincente e expressiva, corporal e verbal, que se utiliza de elementos adaptados e de princípios acordados entre os membros da comunidade através do ritual.

Destaca-se com freqüência dos depoimentos a afirmação de que sempre estiveram atentos aos possíveis males ou feitiços vindos de fora. Um exemplo ilustrativo dessa postura ocorreu quando algumas pessoas, que prestam serviços de saúde à comunidade (AGUIAR, 1994), estavam sugerindo que fosse furado um poço, para que pudessem coletar água limpa. Prefeitura, Igreja, Sindicato dos Trabalhadores Rurais, entre outros, se dispuseram a executar esse serviço. A comunidade absolutamente não aceitou a oferta. O argumento mais comum entre moços e velhos era que correriam muitos riscos de vida – entre eles, envenenamento da água, feitiçaria ou apenas a entrada de pessoas estranhas em suas terras – com essa permissão. Esse mesmo receio em relação aos que vêm de fora é observado, segundo Albert (1992), entre os índios ianomâmis do rio Catrimani.

O xiruba, durante o ritual realizado na Barra da Aroeira, apresenta-se na forma de um personagem representado por um membro da comunidade – que pode ser substituído por outro durante a atuação, de modo rápido e tão discreto que quase ninguém nota a troca (pelo menos, segundo afirmam, é essa a intenção), o que torna constante a presença do xiruba no **cenário social** durante a realização do rito. Trata-se de uma atividade antiga e mantida até os dias de hoje. O mito – como representação de fatos ou personagens reais, como narrativa de significação simbólica, muitas vezes ligada à cosmogonia e/ou referente a deuses **encarnadores** das forças da natureza ou de aspectos da condição humana – é para os homens, de modo geral, uma forma de dar solução aos problemas da vida. O xiruba, uma espécie de xamã (se tomarmos como base a crença de que os espíritos bons e maus são dirigidos pelos xamãs), é um exemplo de caminho buscado pela comunidade para cuidar do seu bem-estar; através dele, acreditam estar afugentando males que possam vir a atingi-los, como envenenamento, feitiços ou mau agouro, que segundo acreditam, podem ser enviados por estranhos.

O termo xiruba não foi encontrado nos vários dicionários pesquisados, tanto nos da língua portuguesa quanto nos de folclore brasileiro. Careta, um termo que também é utilizado para nomear o xiruba, significa, de acordo com os dicionários de língua portuguesa, contração facial, esgar ou truanice. Esse sentido não se aplica à brincadeira, ou ritual, praticada entre **o povo da Barra**, que se desenrola em torno de um personagem central, uma pessoa com uma máscara aterrorizadora no rosto.

Para Cascudo ([19—], p. 244), a definição da palavra careta se aproxima do significado atribuído ao termo pela comunidade. Para o escritor, careta ou falsa cara é "[...] um processo milenar de intimidação, defesa instintiva de primitivos e ainda empregado pelas crianças".[7]

No ritual do xiruba está representada uma parte importante da cultura do **povo da Barra**. Nele estão caracterizados vários aspectos que congregam valores da crença, dos medos, dos males que acreditam existir nas matas e que podem passar para o local onde estão as pessoas. O xiruba também representa e indica uma forma de mediação entre o mundo dos humanos e o dos espíritos. Por isso deve-se agir com cuidado e respeito em relação

7. Existe, no Brasil, a tradição de mascarados (ou caretas) associada a algumas festas, como a do Divino. De acordo com Cascudo ([19—], p. 563), "[...] Pela África negra, a Máscara tem domínio terrífico, ligada aos cultos apavorantes, tornadas vivas, emissoras de potências irresistíveis, sendo o mascarado um embaixador dos deuses, punidor de crimes, revelador de culpas, intocável pelo caráter delegatório [...]".

aos **seres do outro mundo**, para preservar suas próprias vidas e mesmo as dos outros seres (que também não podem deixar de existir), mas sem que um ultrapasse os limites do outro. O xiruba expressa àqueles seres ao mesmo tempo o respeito à sua existência e a coragem em enfrentá-los se for preciso, mantendo, dessa forma, uma espécie de equilíbrio entre os dois mundos. "[...] Quem enfrenta o xiruba [...]", afirmam, "[...] enfrenta também os seres do outro mundo [...]".

O xiruba é representado por um dos membros da comunidade, vestido com uma roupa especialmente confeccionada, tendo o rosto coberto por uma máscara intimidadora, e armado de uma forte chibata com uma grande unha (de animal) presa na ponta. A chibata serve para atacar e, ao mesmo tempo, se defender das pessoas (mantendo-as afastadas) que, assustadas, podem reagir contra-atacando. Trata-se de uma atividade em que não parece haver limites muito definidos entre a brincadeira e o confronto aberto, muitas vezes violento.

O xiruba tem a função de estimular, despertar os moradores da Barra para a necessidade e a importância de estarem atentos para os perigos que acreditam rondar o mundo, isto é, o seu mundo. A movimentação do xiruba traduz também a preocupação de exercitar, desenvolver, a capacidade coletiva de reagir com destreza diante dos perigos externos, dos estranhos, e que podem aparecer repentinamente.

A máscara procura imitar uma figura com características ao mesmo tempo humanas e dos animais, modificadas para se conseguir uma aparência aterradora. Os efeitos assustadores são conseguidos por meio do uso de pêlos e couro de animais, embiras (cascas de plantas ou cipós usados para amarrar), sementes coloridas, uma arcada dentária da caveira de algum bicho, detalhes brilhantes retirados de insetos, como do vaga-lume. Criam, desse modo, uma imagem apavorante, que tem ao mesmo tempo a função de lembrar que o desconhecido, o que não encontra explicação no seu mundo, pode estar associado ao próprio homem, às plantas ou aos animais – daí os detalhes da máscara tomarem emprestados **pedaços** desses seres. Da mesma forma tramam a confecção da roupa do xiruba: trapos tingidos com cores fortes, pedaços de couro curtido etc.

Qualquer um pode contribuir com materiais – sejam pedaços de carcaças ou dentes de animais mortos, couro, pêlos etc. – para a composição da figura. Mas a montagem final fica por conta das mulheres com alguma posição de liderança. A escolha do material utilizado, a forma dada ao conjunto desses objetos e o resultado plástico são itens considerados importantes na figura do xiruba. Disso dependem, as pessoas e o xiruba, para uma representação capaz de chamar a atenção para o valor da boa convivência com os elementos vivos que compõem o ambiente em que vivem. O aspecto assombroso tem também o propósito de avisar a todos os seres da coragem e determinação dos moradores em enfrentar qualquer aproximação indesejável. Ao mesmo tempo, com esse ritual, acreditam estar preservando o bom relacionamento entre os moradores, adultos ou crianças, que devem se unir para enfrentar os perigos.

Durante a apresentação do xiruba, forma-se um alvoroço de crianças e adultos em torno dele. Alguns fogem, outros atacam, numa relação imprevisível para todos os envolvidos. Podem até surgir reações de violência e terror. Os participantes ocupam um palco que ultrapassa as margens dos terreiros das casas e adentram os matos, na perseguição ao xiruba ou na fuga de seu ataque. Após receber um ataque físico, o xiruba pode perseguir durante muito tempo a pessoa, sem se deter diante de nenhum obstáculo, percorrendo longas distâncias entre os matos do cerrado. É preciso frisar que apenas o xiruba carrega sua arma; os outros participantes só dispõem de seu próprio corpo, coragem e destreza para enfrentar ou fugir do perigo. Essa atividade requer dos participantes muita rapidez nas defesas e corridas, agilidade e um bom conhecimento do local.

A força e rapidez com que são desfechadas as chibatadas faz zunir o ar. O xiruba parece não ter dúvidas de que deve procurar acertar seu alvo, qualquer um à sua volta. Os participantes devem ficar atentos e procurar se aproximar ao máximo dele, desafiando e testando sua destreza e valentia.

O xiruba costuma apresentar-se à tarde, quando o sol está quase se pondo, como que aproveitando o crepúsculo vespertino para acrescentar ao ritual uma iluminação adequada a um ambiente de magia, mistério e emoção. Essa atividade pode durar uma noite inteira, até que consigam espantar o xiruba, que pode ser representado por mais de uma pessoa, com a condição de que apareça apenas uma de cada vez. Um xiruba deve sair sob pressão, expulso pelos participantes. Isso significa que não se pode deixar o xiruba vencer nunca, para que sejam eliminadas as coisas ruins, a má sorte.

Para representar um xiruba, a pessoa deve, antes, provar, durante outras atividades, sua valentia e destreza. O cotidiano dos moradores apresenta desafios constantes, nas longas caminhadas, no roçado, nas brincadeiras – como rasteiras, pesadas, saltos, capoeira, corre-corre etc. Os seus afazeres possibilitam que as pessoas estejam sempre, de algum modo, exercitando seu corpo em atividades que podem, perfeitamente, revelar os candidatos em melhores condições de representar um xiruba. Essas pessoas são quase sempre escolhidas pela comunidade, mas podem também, o que raramente acontece na Barra, se apresentar por conta própria.

Uma moradora, que já ajudou vários adultos a se **transformar** nesse bicho aterrorizador, fala de parte do significado do xiruba. Todos os moradores, adultos e velhos, sabem que a pessoa que representa o xiruba é alguém como eles, um membro da comunidade com o qual convivem no dia-a-dia; apenas não se sabe previamente quem será o xiruba. Apesar disso, e do fato de conhecerem todo o ritual associado a essa manifestação, exprimem um grande temor frente à figura.

Essa moradora conta, a seu modo, que a confusão durante a ação do xiruba impede que se observe tudo o que está ocorrendo; as crianças têm que fugir para não levar chibatadas; a pessoa que representa o xiruba assume uma força mágica, capaz de perceber coisas boas e ruins em torno dos outros, e de afastar os males para longe; apenas uma ou outra pessoa, que auxilia na elaboração da personagem, é capaz de identificá-lo, pois assim que começa a atividade ele vira um bicho.

Durante essa atividade, os movimentos físicos, como as diferentes evoluções da pernada, rasteira, cambalhotas, presentes em outras brincadeiras, ajudam a deixar o personagem numa situação ainda mais avassaladora diante dos presentes. O xiruba tenta convencer a todos do seu poder de amedrontar sem piedade.

No início da atividade, quando ele aparece e se dá andamento ao **teatro vivo**, quando ainda não se formou a forte agitação, pode-se observar com mais tranqüilidade a ginga, a agilidade, a força e o ritmo dos envolvidos. As crianças, embora correndo riscos, mesmo levando uma ou outra sobra de chibatada, não perdem um minuto da movimentação. Entre gritos, choros, sustos, risos assustados e gargalhadas, todos esses barulhos ao mesmo tempo, não se pode negar a predominância da diversão; uma atividade que também pode ser caracterizada como lúdica.

Uma algazarra que reúne velhos, crianças e adultos.

Dependendo do desgaste físico do xiruba, ele pode **desaparecer** e ser substituído por outro. Este também se prepara às escondidas e só aparecerá, se for o caso, na hora certa, misturando-se à farra até que o outro possa sair de cena, tentando fazer essa troca de modo tal que não seja percebida com facilidade.

Um depoimento acrescenta alguns detalhes sobre essa figura: o xiruba representa a coragem dos que têm medo das coisas do outro mundo; a pessoa, ao representar o xiruba, aterroriza as outras pessoas e ao mesmo tempo espanta os seus próprios medos; utilizando-se de agilidade e esperteza, sai correndo e enfrentando tudo e todos os que aparecem em sua frente; apenas os animais e as plantas não temem o que já morreu, enquanto o medo dos seres humanos é difícil de superar.

Pelo menos uma das moradoras admite sentir medo e raiva quando vê a neta ou o bisneto levar uma chibatada, uma rasteira. Ela acompanha o xiruba em todas as partes para onde ele vai e confessa que gosta muito de participar, acreditando que os males vão se espalhando pelos cerrados, se distanciando do lugar. Os moradores acreditam, de maneira geral, que depois desse ritual o lugar fica liberto dos males que vêm de fora e que assombram suas vidas; cada um se sente mais forte e livre para enfrentar esses temores; e as movimentações e os sons estranhos são levados para longe.

Para o **povo da Barra**, o evento representa mais que um jogo, uma dança, uma brincadeira. É a possibilidade de se colocarem diante do desconhecido, do ameaçador. Faz parte das atividades que desenvolvem a cada ano, como forma de reciclar e refazer as forças e a coragem para enfrentar e amenizar a dureza da vida. Como dizem, é preciso saber enfrentar a onça preta, a jaguatirica, a onça vermelha e a pintada, a jibóia, e o pé-de-garrafa (os moradores não possuem arma de fogo de alto calibre). O xiruba tem um papel social relevante entre os moradores da Barra, no que se refere ao confronto com os perigos do mundo que os cerca. Significa um reequilíbrio das tensões e crenças frente ao que há de desconhecido na mata, nos bichos e nas pessoas.

Como já foi dito, o objetivo principal dessa atividade social, desse ritual, é espantar os males de todos os tipos (no sentido de catarse, reequilíbrio, purificação do espaço, exorcismo do medo, reforço dos laços de cooperação e solidariedade, preparo físico para enfrentar os perigos etc.). Isso não lhe retira, porém, as características de uma grande brincadeira, carregada de momentos de alegria, risadas, farra e muita algazarra.

Uma outra atividade ou brincadeira – uma espécie de preparação para o xiruba –, chamada de *os caretas*, ocorre diversas vezes durante o ano. Nesse evento, a representação é feita por um casal de mascarados, **travestidos** de forma semelhante ao xiruba. Essa atividade também se assemelha à festa do boi, que ocorre em diversas regiões do Brasil com diferentes nomes, como boi-bumbá, bumba-meu-boi, boi-de-mamão. O casal representa os donos do boi. São valentes, não deixam ninguém se aproximar do boi, que é representado por uma terceira pessoa.

Mais recentemente, essa atividade ou brincadeira passou a representar o temor dessa comunidade de perder o sossego e o direito sobre suas terras, depois da chegada dos fazendeiros à região. Para o **povo da Barra**, os três personagens representam fazendeiros, que podem destruir as terras, por meio da derrubada das matas ou das queimadas para abrir espaço para grandes pastagens. O que pode gerar uma reação inesperada da terra. Citam o exemplo de um grande buraco, uma cratera que se formou no local de onde foi retirada muita areia para construção civil nas cidades próximas. Falam do desaparecimento de muitas espécies animais, que antes eram fartas e lhes serviam de alimentação.

Os caretas representam, dessa forma, dois papéis básicos. Um deles, mais tradicional, muito parecido com o atribuído ao xiruba. O outro, mais recente, está associado ao temor dos moradores em relação aos perigos trazidos pelos estranhos, mas deste mundo, o mundo dos vivos.

Referências Bibliográficas

AGUIAR, C. M. *Educação, cultura e criança.* Campinas: Papirus, 1994.

_____. "Educação, Natureza e Cultura: um modo de ensinar". Tese de doutorado. são Paulo: FE/USP, 1988.

BANDEIRA, M. L. *Território negro em espaço branco.* São Paulo: Brasiliense, 1988.

BERGER, P. *O dossel sagrado: elementos para uma teoria sociológica da religião.* São Paulo: Paulinas, 1985.

BRANDÃO, C. R. *Memória do sagrado: estudos de religião e ritual.* São Paulo: Paulinas, 1985.

CASCUDO, L. C. *Dicionário do folclore brasileiro.* Rio de Janeiro: Tecnoprint, [19—].

EVANS-PRITCHARD, E. E. *Os nuer.* São Paulo: Perspectiva, 1978.

HAHNER, J. E. *A mulher no Brasil.* Rio de Janeiro: Civilização Brasileira, 1978 (Coleção Retratos do Brasil, v. 12).

HELLER, A. *O cotidiano e a história.* Rio de Janeiro: Paz e Terra, 1985.

MAcIVER, R. M.; PAGE, C. H. Comunidade e sociedade como níveis de organização da vida social. In: FERNANDES, F. (org.). *Comunidade e sociedade*. São Paulo: Cia. Ed. Nacional, 1973. p. 117-131.

OLMOSTED, M. S. *O pequeno grupo social*. São Paulo: EDUSP, 1970.

QUEIROZ, M. I. P. *Bairros rurais paulistas*. São Paulo: Livraria Duas Cidades, 1973.

VOGT, C.; FRY, P. *Cafundó – a África no Brasil: linguagem e sociedade*. São Paulo: Companhia das Letras, 1996. Cap. 3.

ETNOMATEMÁTICA:
UMA TOMADA DE POSIÇÃO DA MATEMÁTICA FRENTE À TENSÃO QUE ENVOLVE O GERAL E O PARTICULAR

Wanderleya Nara Gonçalves Costa[*]

Introdução

O ser humano está em constante contato com a natureza e com seus semelhantes; durante esse contato ele percebe, observa, experimenta e/ou participa das diferentes experiências proporcionadas pelo seu cotidiano de vivências, no seu meio natural e social e, a partir daí, constrói a sua cultura. Essa cultura não se refere somente ao dinâmico surgimento de saberes e a elaborações de tecnologias para a adaptação, apropriação, e transformação da natureza, refere-se também a valores, mitos, ritos etc. Na verdade, os objetos, as técnicas, a linguagem e outras coisas criadas/recriadas nessa cultura também estão impregnados de significados e valores que se modificam de povo para povo. Também se modificam os meios natural e social e a

* Professora do Departamento de Matemática do ICLMA/UFMT e Mestre em Educação na área de Matemática pela UNICAMP.

relação dos diferentes povos para com esses meios, para consigo próprios e para com os outros grupos; assim, seria mais conveniente falarmos não de cultura e sim de diferentes culturas.

É pois no interior das culturas que o conhecimento é gerado; e é nas diferentes relações que os povos estabelecem com o mundo (físico-político-econômico-social) que surgem as diversas áreas do conhecimento (biologia, matemática etc.). Ora, tendo surgido no interior de diferentes culturas, que têm diferentes modos de apreender a realidade, de recriá-la, de manipulá-la e de transmitir seus saberes, seria natural pensarmos que cada área de conhecimento seria desenvolvida diferentemente pelos diversos grupos culturais. Isso significa pensar que as diversas áreas do conhecimento não seriam constituídas de saberes únicos mas sim de saberes diferentes, produtos de diferentes culturas.

Mas esse pensamento que a princípio parece natural na verdade não o é. Esse modo de encarar o conhecimento (particularmente o conhecimento matemático), essa **tomada de consciência**, ainda é um fato relativamente novo, decorrente de um longo caminho que tem sido seguido. A maneira de se conceber o conhecimento depende, fundamentalmente, da maneira de se conceber o próprio ser humano e as diferenças culturais. Essas maneiras têm sido várias (que o digam as diferentes correntes da filosofia e da antropologia), tornando longo o caminho percorrido, do qual, a seguir, teremos um breve vislumbre.

A Caminho de um Debate

As diferenças culturais, como veremos a seguir, podem ser encaradas de mais de uma maneira. Por um lado, se acreditamos que o conhecimento é único, estamos agrupando as diversas culturas pelas semelhanças existentes entre si. Por outro lado, se a crença for de que o conhecimento não é único e de que cada grupo cultural produz o seu próprio conhecimento, a evidência estará sendo colocada não nas semelhanças, e sim nas diferenças. De qualquer forma, acreditar numa ou noutra concepção significa tomar uma posição frente à tensão entre o geral e o particular. Contudo, para que se tome, conscientemente, uma posição, é necessário que se conheça pelo menos parte da história do surgimento dessa tensão[1]. É nesse sentido que encaminharemos, agora, nossa reflexão.

Não convém que nos sintamos solitários nesta reflexão, a tensão entre o geral e o particular já fazia parte das preocupações dos filósofos gregos. A grande obsessão da filosofia grega era "[...] estabelecer um discurso que falasse sobre a natureza íntima das coisas, que permanece a mesma em meio à multiplicidade de suas manifestações [...]" (ALVES, 1982, p. 41). Ora, na antiga Europa essa questão também se colocava e existia a crença de que havia uma natureza humana única por trás das diferentes manifestações. Contudo, com a expansão da navegação e da colonização, as diferenças entre os grupos culturais tornaram-se mais patentes, não bastava apenas uma **crença** para fundamentar, por exemplo, o projeto educacional que tencionava civilizar o índio americano ou o povo africano tornando-o **igual** ao europeu. Era necessário um respaldo científico, e esse foi obtido com o nascimento da Antropologia. A teoria do evolucionismo social ou cultural viria justamente sistematizar a **crença** até então existente de que tendo o ser humano uma natureza única, ele

1. Não é nossa intenção esgotarmos a história da tensão entre o geral e o particular; queremos apenas, ao passar ligeiramente por ela, mostrar ao leitor como está se dando, na matemática, por meio da Etnomatemática, uma tomada de posição a respeito dessa tensão.

deveria gerar um conhecimento único, universal. Lewis Morgan foi o grande representante dessa teoria.

No evolucionismo, a cultura era vista como sendo um produto acabado (no caso dos povos civilizados) ou um produto a ser finalizado (no caso dos grupos culturais não civilizados), e apregoava-se a existência de um conhecimento universal que mais cedo ou mais tarde floresceria entre os diferentes grupos culturais. Desse modo, tal teoria permitia que se continuasse a acreditar que todos os povos, em qualquer tempo ou lugar, buscavam respostas para as mesmas interrogações, e que, portanto, o conhecimento era construído de forma seqüencial e linear e as diferenças culturais eram frutos dos níveis e estágios de evolução. Em outras palavras, e continuando com o exemplo do parágrafo anterior, acreditava-se que tanto os negros africanos quanto os índios americanos deveriam, algum dia, ter o mesmo tipo de conhecimento que os europeus tinham; e que tais povos, naquele momento (da colonização), estavam num estágio inferior do desenvolvimento desse conhecimento. Assim, as variedades das culturas negras e indígenas serviam para mostrar os diferentes estágios pelos quais haviam passado os civilizados colonizadores.

Acreditava-se portanto que os diferentes grupos sucediam-se numa escala de civilização superando-se quanto ao desenvolvimento de sua capacidade de adaptar-se e de dominar a natureza. Acreditava-se também que comparando a produção de conhecimento dos diferentes grupos culturais era possível classificá-los como sendo mais ou menos primitivos, dependendo do estágio alcançado. Isso era possível porque sabia-se qual era a melhor forma de conhecimento, aquela que fora instituída como a correta, a ideal, a única, aquela a que um dia todos chegariam. Está claro que esse conhecimento ideal era o dos colonizadores e isso favorecia o etnocentrismo europeu e, até mesmo, justificava o aniquilamento das culturas nativas. Não havia necessidade de valorizar essas culturas, ao contrário, os colonizadores deveriam **queimar etapas**, fazer com que os povos **pulassem** alguns estágios por meio da imposição, o mais rápida e eficientemente possível, da sua cultura.

Embora as idéias acima colocadas tenham prevalecido durante bastante tempo, chegou o dia em que elas foram colocadas em xeque. Ao que parece, o antropólogo Franz Boas foi o primeiro a opor-se a essas idéias. Para ele, a ênfase deveria ser na diferença e não nas semelhanças; ele achava que era importante compreender a particularidade de cada cultura, que não havia como eleger um tipo de conhecimento como sendo o melhor para todos os povos. As idéias de Boas ([19—]) serviram de base a uma outra teoria, o culturalismo, que afastava as possibilidades de generalização do conhecimento humano.

Nessa teoria, apesar do respeito às diferenças culturais, a concepção de cultura que se percebe é a de que ela não se transforma; as práticas culturais de um grupo ficam reduzidas ao registro e transmissão de seus saberes, enfim, a cultura fica congelada. Talvez por isso, também dentro do culturalismo, a idéia de que a civilização ocidental era superior ainda persistia; essa teoria mantinha, dentro de si, o etnocentrismo. Garcia (1993, p. 128), ao analisar o culturalismo, diz que essa teoria era permeada pela idéia de que "[...] se há diferenças irredutíveis entre os homens de organizações socioculturais diversas, os que não partilham da cultura civilizada estão impedidos de aderir à civilização [...] "; assim, em sua fala, percebe-se com mais clareza a presença do etnocentrismo.

Depois que surgiu o culturalismo, o mundo viu acontecerem, entre outras coisas, as mudanças causadas pela teoria marxista (Marx afirma que essa tensão é um produto necessário da sociedade burguesa) e o aparecimento das teorias antropológicas do funcionalismo e do estruturalismo. Por todo esse tempo se manteve a tensão que envolve o geral e o particular. E hoje, no pós-estruturalismo, época em que identidades culturais e sociais emergem e se afirmam, as idéias do culturalismo são revisitadas para ganhar uma nova conotação. Assim, hoje, mais que nunca, a tensão que envolve o geral e o particular está no centro dos debates sobre o multiculturalismo. Na verdade, a idéia do relativismo antropológico está presente nas reflexões sobre vários grupos sociais (feministas e homossexuais, dentre outros) e várias áreas do conhecimento (matemática, biologia, história, dentre outras).

Contudo, ao se retomarem as idéias nascidas na teoria do culturalismo, reformuladas agora à luz das idéias neomarxistas, pelo menos dois tipos de atitude estão sendo adotadas. A primeira delas praticamente faz renascer o culturalismo, cometendo os mesmos erros cometidos naquela época. As pessoas que adotam essa postura tendem a acreditar que a cultura é produto da natureza. Elas, ao pensar dessa maneira, rejeitam em nome do direito à diferença, numa atitude etnocêntrica e de relativismo extremo, o intercâmbio entre culturas, a troca e a convivência entre diferentes tipos de conhecimento e grupos socioculturais. Tais pessoas crêem que devem ser mantidas as formas pelas quais os diferentes grupos se definem e são definidos pelos outros grupos, ou seja, elas acham que as identidades culturais, naturalmente construídas, serão mantidas por meio do isolamento. Nesse caso, os conhecimentos próprios dos grupos culturais deveriam ser protegidos de intervenções externas, deveriam ser mantidos puros.

Adotando uma outra concepção de cultura, outras pessoas assumem uma postura diferente. Nesse caso, a cultura e o conhecimento não são mais naturalmente produzidos, são produzidos como relações sociais que, por sua vez, são relações de poder. As diferentes culturas, sendo atividades, ações produzidas num meio que, cada vez mais, favorece as relações com grupos culturais diferentes, não podem ser isoladas, fechadas nelas próprias. E nem isso seria desejável já que, aqui, as identidades só se definem pela diferença (você só percebe quem você é pelas comparações com o outro). Tem crescido, cada vez mais, o número de pessoas que adotam essa postura, e é ela que vai nos interessar.

A Educação e o Relativismo Antropológico

Tradicionalmente, na educação escolar, tem-se adotado uma visão conservadora e estática da cultura, e o conhecimento, por sua vez, tem sido visto como informação. Mas, como não poderia deixar de ser, também o campo educacional foi influenciado pelo relativismo antropológico, e hoje existe a necessidade de se debater a respeito do conhecimento. Assim, nos últimos vinte anos, nasceu um movimento que, para Silva (1996, p. 137) "[...] pode ser descrito como uma tendência a analisar e a teorizar a educação através de uma Teoria Cultural [...]".

Tendendo a assumir o segundo tipo de postura colocada no item anterior, os educadores inseridos nesse movimento não acreditam na existência de um conhecimento universal. Para eles, o conhecimento tem um caráter histórico e social, ou seja, é historicamente construído em diferentes meios sociais e, por isso, é variável, mutável. Um tipo de conhecimento não poderia ser considerado mais válido do que outro, não haveria razão nenhuma para que um conhecimento particular fosse julgado a partir de um outro conhecimento **melhor**. Assim, não haveria uma distinção qualitativa entre o conhecimento criado no contexto acadêmico e o conhecimento criado no cotidiano, e não haveria por que, na escola, ensinarmos apenas os conhecimentos que são criados/sistematizados pela academia.

Ora, essa forma de pensar conduziu facilmente ao desejo de criar propostas educacionais alternativas, propostas essas que pusessem a descoberto as variadas tradições culturais dos estudantes e que levassem a sério os conhecimentos adquiridos na vida cotidiana. Contudo, para Silva (1996, p. 150), nesse movimento pós-estruturalista, a ênfase na noção de diferença

> [...] não implica um multiculturalismo ingênuo, no qual todas as diferenças estivessem num mesmo nível de poder. A equivalência das diferenças e alteridades não é algo que exista automaticamente no mundo social, dados os diferenciais sociais de poder, mas algo a ser perseguido [...].

Assim, as propostas educacionais alternativas deveriam, além de expor a multiplicidade de saberes, valorizar o saber popular, cotidiano e, ainda, ampliar o debate acerca das formas tradicionais de conceber as diversas áreas do conhecimento.

Mas, quando se fala em proposta educacional, não se pode deixar de pensar em cada uma das disciplinas que integram o currículo. Não se pode deixar de pensar, por exemplo, em até que ponto, hoje, os professores de matemática estão imersos nesse pensamento pós-estruturalista, em até que ponto a matemática pode contribuir para uma nova forma de educar...

A Educação Matemática e a Possibilidade se Tomar uma Posição

Considerando-se a dificuldade que o professor brasileiro de nível médio tem de adquirir livros e periódicos específicos da sua área de atuação, não surpreende o fato de muitos de nós permanecermos alheios às reflexões antropológicas que tomaram corpo no campo educacional. Contudo, mesmo assim, creio que a maioria dos educadores matemáticos não deixou de perceber que existe uma diferença entre a matemática criada/utilizada pelos diferentes grupos culturais em seu cotidiano e a matemática criada/divulgada pela academia. Mas, como foi dito anteriormente, não é fácil perceber que isso ocorre devido a uma questão cultural, isto é, ocorre porque a matemática é produto de diferentes culturas que são socialmente valorizadas ou não.

Dessa forma, é bastante comum que, ainda hoje, a matemática seja vista como um conhecimento único. Ela, na maioria das escolas, é apresentada como sendo uma seqüência única e linear que, tendo raízes no Egito e na Mesopotâmia e passando pela Grécia e por Roma, chega até os dias atuais pura, isenta de valores. Essa é a visão tradicional que, muitas vezes, passa a imagem de que o conhecimento matemático cotidiano é um estágio inferior da matemática acadêmica, e de que, com o tempo, e com o auxílio dos professores incumbidos de **transmitir** o conhecimento correto, os diferentes grupos culturais irão evoluir até alcançar o conhecimento matemático acadêmico.

Outros educadores matemáticos, inteirados dos debates sobre o multiculturalismo, ao pensar a matemática como uma produção cultural, tomam diferentes posições a esse respeito pois, como já foi dito anteriormente, existe mais de uma maneira de se encarar o multiculturalismo. Para o caso da educação matemática, creio ser possível estabelecermos um paralelo com as análises feitas por Grignon e Passeron (1989). Segundo eles, a descrição das diferenças culturais pode ser feita segundo três perspectivas: a etnocêntrica, a relativista e a legitimista.

A posição que poderíamos chamar de etnocêntrica seria

aquela em que alguns educadores matemáticos, acreditando que existem diferentes conhecimentos matemáticos, criados/ utilizados pelos diferentes grupos culturais, proclamariam o valor do conhecimento matemático acadêmico considerando-o superior a qualquer outro. Eles inovariam o status privilegiado do conhecimento matemático acadêmico para argumentar a sua superioridade. Dessa forma, tais profissionais estariam desconsiderando que também a matemática traz embutida em si um discurso a respeito da legitimidade do conhecimento, das formas válidas e legítimas de raciocínio, dos grupos que estão legitimamente capacitados a raciocinar. Enfim, eles ignorariam que o status alcançado pela matemática acadêmica não se deve ao fato de ela ser melhor que as outras e sim ao fato de fazer parte do discurso da cultura dominante. Adotando essa visão de matemática, para tais educadores, na escola, o melhor seria investir no ensino da matemática criada/divulgada pela academia; a matemática criada pelos diferentes grupos culturais poderia aparecer como curiosidade.

Uma outra posição que poderia ser adotada por alguns educadores matemáticos é aquela em que, num relativismo total, eles proclamariam "[...] o valor igual de todas as culturas, privilegiando a descrição de sua coerência interna e de seu dinamismo criativo autônomo [...]" (SILVA, 1996, p. 192). Nesse caso eles rejeitariam o intercâmbio entre as culturas, a troca e a convivência entre os diferentes conhecimentos matemáticos. Essa é a posição análoga à que Grignon e Passeron (1989) chamam de relativista. Segundo essa perspectiva, na escola deve-se ensinar, divulgar e legitimar apenas o conhecimento matemático de cada um dos diferentes grupos culturais.

Finalmente, a posição legitimista, ao destacar as relações de poder entre as culturas e, conseqüentemente, entre os diversos conhecimentos matemáticos, coloca a matemática acadêmica como sendo a legítima. Para os adeptos dessa posição, a legitimidade alcançada pela matemática acadêmica (legitimidade que é resultado de uma relação de força entre a cultura dominante e as outras culturas) lhe dá o poder de funcionar como critério a partir do qual os outros conhecimentos matemáticos podem ser descritos e considerados legítimos ou não. Assim, na escola, a matemática criada pelos diferentes grupos poderia ser utilizada como um **deflagrador didático** de um conteúdo, ou seja, como um conteúdo primário que deveria ser formalizado e sistematizado numa linguagem acadêmica para que, só então, fosse considerado legítimo.

Contudo, na educação matemática, tem-se colocado uma outra perspectiva que não encontra paralelo com aquelas sugeridas por Grignon e Passeron (1989) mas que é bastante próxima ao segundo tipo de postura que se colocou ao discutirmos o multiculturalismo. Nessa perspectiva a matemática acadêmica não é colocada como superior, e, portanto, tal perspectiva não pode ser chamada de etnocêntrica. Ela também não supervaloriza os diferentes tipos de conhecimentos matemáticos, sugerindo um tipo de educação escolar que encerre o conhecimento do grupo nele próprio; portanto essa perspectiva não é relativista. Podemos dizer que legitimista ela também não é, visto que não existe a intenção de se traduzir/sistematizar/formalizar a matemática dos diferentes grupos culturais tendo como referência a matemática acadêmica.

Nota-se portanto que, ao tomar posição frente à tensão entre o geral e o particular, o educador matemático pode fazê-lo segundo diferentes perspectivas. A meu ver, a posição que atualmente se encontra mais arraigada é a tradicional. Muitos educadores matemáticos ainda vêem a matemática como um saber **inocente** e não como parte dos instrumentos que fazem com que a escola cumpra a função de veicular e fazer interiorizar apenas um tipo de saber. Por pensar dessa forma, acredito não ser mais possível passarmos ao largo dos debates sobre o multiculturalismo, mas que eles devem ser colocados no topo da agenda dos educadores matemáticos. Isso é necessário para que haja uma reversão do quadro atual, de modo que a escola não continue a ser mais um lugar onde se reduz a autonomia da cultura popular e se converte a cultura dominante em cultura padrão.

Como forma de contribuir com esse debate, quero deter-me mais detalhadamente numa das possíveis perspectivas de se perceber essa questão. Tomando uma posição no debate que se coloca sobre o culturalismo, na tensão entre o geral e o particular, falarei sobre a posição assumida pela corrente que ganhou o nome de Etnomatemática. Tal posição é aquela para a qual não foi possível encontrar um paralelo na classificação sugerida por Grignon e Passeron (1989). Essa posição crê na possibilidade de se combinar o que é excludente, ou seja, acredita na possibilidade de se combinarem as semelhanças e as diferenças, de se conhecer e valorizar o conhecimento dos vários grupos socioculturais sem que, para isso, se abandone a matemática gerada no contexto acadêmico.

Em Favor da Etnomatemática

Pelo que foi dito até o momento, nota-se a extrema importância de se conhecer a concepção de cultura que se adota em cada perspectiva através da qual é possível compreender o multiculturalismo. Para o caso da educação matemática, torna-se importante também que se exponha a concepção de conhecimento matemático e se coloque qual é a proposta, nessa perspectiva, para a educação matemática escolar.

Na verdade, por ocasião da introdução, foi colocada a concepção de cultura que geralmente é assumida na Etnomatemática. A cultura é um conjunto de objetos, de saberes e tecnologias, de valores, de mitos, de ritos, de linguagem e de formas de compreender o mundo, que estão sempre se modificando. Nessa perspectiva, a cultura não é um produto e sim uma produção que ocorre em diferentes contextos de relações sociais que assumem, para cada povo, diferentes significados. Da mesma forma, sendo um conhecimento criado no interior das culturas, o conhecimento matemático está sempre sendo produzido, redefinido, recriado, enfim, está sempre adquirindo diferentes significados e formas para diferentes povos, e por isso dizemos que o conhecimento matemático não é único, mas que existem vários e dinâmicos saberes matemáticos.

Não sendo etnocêntrica, para a Etnomatemática, todos os saberes matemáticos possuem igual valor. Não sendo de relativismo extremo, todos os saberes matemáticos são legítimos, não existe a pretensão de, por exemplo, exaltar conhecimentos particulares substituindo a matemática acadêmica pela matemática popular. Também não se pretende legitimar os conhecimentos matemáticos gerados no cotidiano dos grupos socioculturalmente dominados fazendo-os passar pelo filtro da matemática acadêmica, como ocorreria se a Etnomatemática fosse legitimista. Pretende-se sim fazer com que o professor perceba a importância e a necessidade de a sala de aula de matemática tornar-se um espaço aberto para discussões, para a explicitação dos valores embutidos nos diferentes saberes matemáticos. Pretende-se que a aula de matemática se dedique à transmissão, criação e recriação de conhecimentos matemáticos e às análises e críticas sobre sua eficácia e adequação. Pretende-se também que tanto os professores quanto os educandos possam descobrir, reconhecer e valorizar diferentes tipos de conhecimento, e também que a escola seja "[...] um lugar onde se reflete criticamente acerca das implicações políticas desse conhecimento [...]" (SANTOMÉ, 1995, p. 176). Pretende-se finalmente que o ensino de matemática mude o rumo que vem trilhando. Hoje, fazendo parte do um projeto cujo principal objeto de preocupação é a economia, o ensino de matemática mostra-se **neutro** frente às necessidades que os educandos sentem de justiça social, de igualdade, de respeito aos direitos civis.

Para os educadores matemáticos adeptos da Etnomatemática, a matemática escolar deve ser capaz de auxiliar a escola a construir conhecimentos, atitudes e valores que tornarão o educando um cidadão crítico, ativo e solidário. Isso, sem dúvida, passa pela formação da identidade social do aluno. Ora, as práticas educacionais, os conhecimentos e valores que são estimulados nos alunos fazem com que eles se sintam membros de uma comunidade, tornem-se conscientes do conjunto de peculiaridades que os identificam como iguais aos do seu grupo sociocultural (SANTOMÉ, 1995). Mas eles só terão consciência de sua existência como grupo diferenciado na medida em que lhes for possível tomar contato com pessoas de costumes, valores, conhecimentos (e dentre eles o conhecimento matemático) diferentes do seu. Só então será possível aos educandos compreender que "[...] compartilham uma certa visão de mundo com seu grupo de iguais e, ao mesmo tempo, que existem outras maneiras de pensar e de ser [...]" (SANTOMÉ, 1995, p. 168). Ao perceberem essa diferença, ou seja, ao perceberem sua identidade social, os educandos tornam-se capazes de efetuar análises que os levarão a tomar consciência, a compreender melhor os preconceitos (que eles ou o outro sofrem), as condições de vida das populações marginalizadas, as estruturas sociais que os oprimem e, quem sabe, a serem cidadãos capazes de intervir nesse quadro.

Essa é uma das razões pelas quais, para a Etnomatemática, não havaria sentido algum em substituir, na escola, a divulgação e valorização do conhecimento matemático acadêmico pela divulgação e valorização do conhecimento matemático popular. Interessa-nos que os vários conhecimentos matemáticos possam conviver, pois só por meio das comparações é que as diferenças são aparentes, e só assim a matemática estará auxiliando os educandos a construir sua identidade social.

Com o suporte de pesquisas, tem-se buscado revelar os vários conhecimentos matemáticos e, também, propor diferentes formas de abordar esses conhecimentos na sala de aula. Por isso, ao estudar o conhecimento matemático nas culturas tradicionais, o conhecimento matemático nas sociedades não-ocidentais, o conhecimento matemático dos diferentes grupos socioculturais e o conhecimento matemático particular e socialmente construído por grupos engajados em práticas específicas, tem-se buscado pensar no relacionamento desses saberes com o saber matemático acadêmico. A intenção que se tem ao relacioná-los, ao compará-los, não é confrontá-los. Busca-se um relacionamento harmônico entre o geral e o particular, em que o conhecimento matemático acadêmico e o conhecimento matemático dos grupos socioculturais possam ser entendidos como posturas diferentes de uma mesma ciência (FERREIRA, 1989), separadas por uma questão de poder.

É com esse intuito que venho realizando uma pesquisa no Vale do Jequitinhonha, no nordeste de Minas Gerais. Utilizando a pesquisa participante, a etnografia e os referenciais da Etnomatemática para empreender o meu estudo, venho obtendo alguns resultados que, mais uma vez, mostram a importância e a necessidade de se conhecer a matemática do contexto popular. Além disso, quando tais resultados são analisados, surgem novas sugestões para que o professor de matemática, ao tomar uma posição, procure um melhor relacionamento entre o conhecimento geral e o particular.

Uma Pesquisa sobre Medidas

É sabido que a necessidade humana de medir coisas é bastante antiga, e se olharmos atentamente a história dos vários povos, é possível identificarmos diversas unidades de medida que dependiam da cultura e do meio em que viviam esses povos. Assim, se o eficiente sistema de estradas e a velocidade das tropas romanas inspiraram esse povo na criação do *passus* (medida romana para longas distâncias), foi o amor pelos esportes que levou os gregos a criar o *stadion* (medida para longas distâncias que teve sua origem no comprimento de uma pista de corrida).

Existiam, também, muitas semelhanças entre as medidas antigas; entre elas o fato de se utilizar o corpo humano para medir pequenas distâncias (medidas antropométricas). Percebe-se então que entre as medidas antigas havia diferenças e semelhanças. Ora, como vimos anteriormente, durante muito tempo, ao se compararem os diversos tipos de conhecimento, colocou-se ênfase nas semelhanças. No que se refere ao conhecimento matemático, o mesmo ocorreu, e então surgiu a necessidade de se padronizarem as medidas, necessidade essa que culminou com a criação do *metro padrão* em junho de 1799 na França. Mas, se consultarmos alguns livros sobre o sistema de medida inglês, verificaremos que esse povo resistiu à padronização das medidas e que até hoje a Inglaterra utiliza medidas próprias.

Também no Brasil é possível detectarmos diferenças na maneira de se medir. Existem medidas criadas/recriadas de maneira diferente pelos diversos grupos socioculturais. À primeira vista, parece-nos que por qualquer região brasileira por onde andemos veremos as pessoas utilizarem-se de medidas conhecidas que nos são familiares não só no nome, mas também nas suas equivalências. Mas não é exatamente assim. Lembremo-nos de que se o nome *alqueire*, em São Paulo, nos faz pensar numa medida de superfície agrária com 2,42 hectares (o alqueirinho), o mesmo nome em Minas Gerais, Rio de Janeiro e Goiás refere-se à medida agrária equivalente a 4,84 hectares (o alqueire) e, na Bahia, o dobro disso (o alqueirão). A existência dessa diferenciação na equivalência do alqueire nos leva à certeza de que, mesmo hoje, no Brasil, as medidas não estão perfeitamente padronizadas, embora talvez tenham até o mesmo nome.

Existem algumas medidas que são próprias de cada região, por exemplo o paneiro, que é uma medida utilizada no Pará e serve para medir a farinha-d'água. Um outro exemplo é o prato de medida que, utilizado no Vale do Jequitinhonha, serve como medida de capacidade para secos. Essa medida é um dos aspectos interessantes da pesquisa que venho realizando e nos leva a refletir, mais contextualizadamente, sobre a tensão entre o geral e o particular, e por isso ela será tratada no item seguinte. Porém, antes de falarmos sobre o prato, considero necessário explicar como se deu o meu contato com essa medida.

Uma Medida Chamada Prato

Estando eu interessada em conhecer a matemática criada, recriada e/ou utilizada no cotidiano dos habitantes do Vale do Jequitinhonha, tomei como objeto de estudo o cotidiano dos artesãos ceramistas da cidade de Salinas, um dos pólos artesanais cerâmicos do Vale. Foi no contato com eles que pude conhecer melhor o prato de medida.

Costumeiramente, nas cidades do Vale, existem mercados municipais onde, geralmente, é comercializada uma grande quantidade de produtos. No mercado de Salinas são comercializados desde frutas e verduras até roupas e artesanatos em cerâmica e cestaria. Ao acompanhar os ceramistas na comercialização de suas mercadorias, observei que muito freqüentemente os fregueses perguntam a capacidade dos vasilhames expostos à venda. Quando a pergunta se refere aos potes, geralmente, a resposta é de que ali cabe meia quarta. Essa resposta sempre satisfaz os fregueses; contudo, para mim ela não bastava, pois eu não sabia quanto era meia quarta. Assim, indagando-lhes quanto era meia quarta, recebi como resposta as seguintes expressões: meia quarta é o mesmo que uma lata, ou meia quarta vale seis pratos, ou ainda meia quarta é dezoito litros.

A última das explicações, isto é, **meia quarta é dezoito litros**, eu pude compreender facilmente. As outras duas explicações já não eram tão simples; contudo, bem rapidamente, pude perceber que a lata à qual se referiam dizia respeito a grandes latas onde geralmente são comercializadas tintas para a construção civil ou óleo comestível; a capacidade dessas latas é, efetivamente, dezoito litros. Contudo, era-me impossível compreender como seis pratos poderiam ser equivalentes a dezoito litros (6 pratos = 18 litros Þ 1 prato = 3 litros). Ao se falar em prato eu não conseguia pensar em algo diferente do vaso em que se serve a comida, e parecia-me impossível que nesse tipo de vasilha coubessem três litros de um seco qualquer.

Posteriormente, com o avanço da pesquisa, foi possível saber que o prato de medida, também chamado salamim[2],

2. Ao que parece, o salamim do qual ainda hoje se fala no Vale do Jequitinhonha originou-se de uma antiga unidade de medida de capacidade para secos, equivalente a 2,27 litros. Talvez, para facilitar a construção do prato de medida, a equivalência tenha

é uma vasilha de madeira com capacidade para 3 litros (em algumas cidades vizinhas a capacidade do prato é 2 litros) e que serve para medir secos. Acontece porém que, no mercado de Salinas, ao se pedir ao feirante, por exemplo, um prato de milho, ele tomará uma lata de 1.000 ml e, por três vezes, a encherá de milho, colocando o seu conteúdo num saco. Em nenhum momento o feirante tomará um prato de medida e o encherá. Embora o prato de medida esteja presente na fala do povo, embora muitos negócios sejam feitos utilizando essa medida, fisicamente, ele não é mais utilizado no mercado. A sua utilização foi proibida pela prefeitura, que, em 1972, determinou que todos os feirantes não poderiam mais utilizar o prato de medida, deveriam sim utilizar o seu equivalente em litros. A argumentação utilizada naquela ocasião era de que o prato, uma medida **particular**, estava sendo adulterado pelos feirantes e, por essa razão, era melhor que se utilizasse a lata de um litro, uma medida **de uso geral**.

Perguntemo-nos, contudo: quantas vezes poderemos encontrar, sendo utilizadas como medida no comércio, latas de um litro amassadas ou com fundo falso? Quantas balanças adulteradas poderemos encontrar? Sem dúvida, encontraremos muitas latas e balanças adulteradas. Pensou-se em desativá-las, em substituí-las por algum outro instrumento de medida? Não! E por que não? Porque são **medidas universais, legítimas**.

Pode-se dizer então que, nesse caso, nessa tensão entre o geral e o particular, optou-se pelo geral? Diremos sim a essa pergunta se analisarmos a posição da prefeitura, mas, por outro lado, veremos que o povo assumiu uma posição intermediária.

sido modificada, desse modo, conforme as **particulares** necessidades cotidianas e a cultura local; optou-se, numa parte do Vale, por aproximá-la para 2 litros, enquanto numa outra região a opção foi aproximá-la para 3 litros.

Embora o feirante, para não desobedecer à prefeitura, nunca mais tenha levado ao mercado a sua vasilha de madeira chamada prato, ele, ainda hoje, quase trinta anos depois, não abandonou o seu costume de pensar e falar em termos do prato de medida. Ele transita facilmente entre um tipo de medida e outro, fazendo rapidamente as conversões entre seus múltiplos e submúltiplos, como nos mostra o quadro abaixo.

Quadro 1

Relações entre o prato, seus múltiplos e submúltiplos

	Alqueire	**Quarta**	**Meia Quarta**	**Prato**	**Meio Prato**	**Litro**
Alqueire	1	4	8	48	96	144
Quarta	1/4	1	2	12	24	6
Meia Quarta	1/8	1/2	1	6	12	8
Prato	1/48	1/12	1/6	1	2	3
1/96	1/96	1/24	1/12	1/2	1	3/2
Litro	1/144	1/36	1/18	1/3	2/3	1

Sabemos portanto qual foi a posição adotada pelo poder público e pelo povo, mas qual será a posição das escolas da região em relação a esse saber? Elas simplesmente o ignoram, pois, como já disse anteriormente, a maioria dos nossos professores de matemática ainda não percebeu a tensão que envolve o geral e o particular, ainda não percebeu a importância de se revelar, conhecer e valorizar o conhecimento matemático presente no cotidiano dos grupos socioculturais. Analisemos mais detalhadamente essa posição.

A Escola, o Professor e os Múltiplos Conhecimentos Matemáticos

Como já disse anteriormente, a escola não coloca a questão da multiplicidade cultural, ela tende a ser monocultural, a divulgar/valorizar apenas a cultura hegemônica. Os professores de matemática que permanecem adeptos da postura tradicional raramente percebem esse fato. Segundo o que foi dito, acredito que os professores tradicionais, que desconhecem a questão do relativismo antropológico, ainda são a maioria. Ora, em geral, os professores de matemática das escolas de Salinas integram essa maioria e, portanto, não perceberam que alguns conceitos matemáticos presentes no cotidiano extra-escolar dos alunos – como é o caso do prato de medida – podem ser explorados na escola, de forma a promover uma feliz integração entre o geral e o particular.

Mas a qual conclusão chegariam os professores de matemática do Pará que resolvessem levar para a sala de aula o conhecimento particular sobre o paneiro? A qual conclusão chegariam todos os professores de matemática do País se resolvessem explorar, na sala de aula, ao estudar as medidas de capacidade, os saberes particulares das suas regiões? Eu acredito que eles perceberiam a possibilidade de tornar o conteúdo mais rico e significativo.

Não basta contudo perceber que a integração entre o geral e o particular favorece uma melhor exploração do conteúdo matemático no caso do estudo das medidas de capacidade. É necessário que o professor explore mais o relacionamento entre o saber cotidiano e o acadêmico, ou seja, é necessário que o professor de matemática tome uma posição efetiva frente à tensão que envolve o geral e o particular. Isso significa que ele deve tomar a seu cargo, e de seus alunos, a tarefa de pesquisar, desvelar, analisar e compreender o conhecimento matemático que faz parte do cotidiano do grupo sociocultural dos educandos. Assim, será possível estender o exemplo dado e descobrir maneiras de enriquecer vários tópicos do estudo de matemática. Ora, a assunção dessa postura de pesquisadores, de sujeitos aptos a descobrir, analisar, comparar e criticar os diferentes tipos de conhecimentos matemáticos ainda não basta. É necessário que o aluno perceba que, instrumentalizado com ambos os saberes, ele está mais capacitado a participar na luta contra as desigualdades inerentes à estrutura social, e torne-se então uma pessoa crítica e atuante.

Finalmente, quero chamar atenção para o fato de o dilema entre o geral e o particular reaparecer ao longo da história: ora se privilegia uma visão, ora outra. A educação matemática atual, por meio da Etnomatemática, busca superar essa tensão no seu campo de estudo. É preciso contudo que todos os professores de matemática participem da criação de modelos alternativos que discutam, de modo não esporádico, os vários conhecimentos matemáticos dos grupos socioculturais marginalizados e o seu relacionamento com a matemática da academia. Dessa forma, a educação matemática estará se rebelando contra o fato de tornar-se parte de um projeto econômico e procurando integrar-se num projeto maior que, contribuindo para o questionamento sobre as relações de desigualdade e submissão dos vários conhecimentos matemáticos, amplie o projeto de uma sociedade livre, composta de cidadãos críticos, ativos e solidários.

Referências Bibliográficas

ALVES, R. *Filosofia da Ciência (introdução ao jogo e suas regras)*. 3. ed. São Paulo: Brasiliense, 1982.

BOAS, F. The limitations of the comparative method of anthropology. In: _______. *Race, language and culture*. New York: The Macmillan Company, [19—]. p. 270-279.

FERREIRA, E. S. The genetic principle and the ethnomathematics. In: *MATHEMATICS, education and society*. Paris: UNESCO, 1989. p. 110-111.

GARCIA, S. G. Antropologia, modernidade, identidade: notas sobre a tensão entre o geral e o particular. *Tempo Social: Revista de Sociologia*. São Paulo, v. 5, n° 1-2, p. 123-143, 1993.

GRIGNON, C.; PASSERON, J. C. *Le savant et le populaire: misérabilisme et populisme en sociologie et en littérature*. Paris: Le seuil, 1989.

SANTOMÉ, J. T. As culturas negadas e silenciadas no currículo. In: SILVA, T. T. (org.). *Alienígenas na sala de aula*. Petrópolis: Vozes, 1995. p. 159-177.

SILVA, T. T. *Identidades terminais: as transformações na política da pedagogia e na pedagogia política*. Petrópolis: Vozes, 1996.